教育部人文社科重点研究基地重大项目"新型城镇化视角下的社区建设研究：以苏州为例"（课题号 15JJDZONGHE016）

城镇化进程中农民集中居住社区治理问题研究

——基于苏州的实践

宋言奇　著

苏州大学出版社

图书在版编目(CIP)数据

城镇化进程中农民集中居住社区治理问题研究：基于苏州的实践 / 宋言奇著. -- 苏州：苏州大学出版社，2023.9
 ISBN 978-7-5672-4520-4

Ⅰ.①城… Ⅱ.①宋… Ⅲ.①农村社区—社区管理—研究—苏州 Ⅳ.①D669.3

中国国家版本馆 CIP 数据核字(2023)第 160335 号

书　　名：城镇化进程中农民集中居住社区治理问题研究——基于苏州的实践
　　　　　CHENGZHENHUA JINCHENG ZHONG NONGMIN JIZHONG JUZHU SHEQU ZHILI WENTI YANJIU——JIYU SUZHOU DE SHIJIAN
著　　者：宋言奇
责任编辑：金莉莉
装帧设计：刘　俊
出版发行：苏州大学出版社(Soochow University Press)
社　　址：苏州市十梓街 1 号　邮编：215006
印　　刷：镇江文苑制版印刷有限责任公司
邮购热线：0512-67480030
销售热线：0512-67481020
开　　本：700 mm×1 000 mm　1/16　印张：11.25　字数：234 千
版　　次：2023 年 9 月第 1 版
印　　次：2023 年 9 月第 1 次印刷
书　　号：ISBN 978-7-5672-4520-4
定　　价：49.00 元

若有印装错误，本社负责调换
苏州大学出版社营销部　电话：0512-67481020
苏州大学出版社网址　http://www.sudapress.com
苏州大学出版社邮箱　sdcbs@suda.edu.cn

前 言

城镇化是农村人口不断变为城市人口的过程,是人类社会经济发展的必然趋势,是经济发展和科技进步的必然产物,同时是一个国家实现现代化的重要标志之一。自改革开放以来,我国城镇化加速发展,城镇人口占全部人口的比重不断攀升,1978年为17.9%,2010年达到49.7%,2011年,我国城镇人口比重首次超过50%,达到51.3%;2014年,这一数值进一步上升到54.8%,2020年,我国常住人口城镇化率超过60%。与之相应的是,我国经济获得了突飞猛进的发展,我国已经成为世界第二大经济体,也全面建成小康社会,正在向现代化的目标迈进。

苏州是我国经济最为发达的城市之一。历史上人少地多、人口密度小,20世纪伊始,苏州走出了一条"双轮驱动"的城镇化道路,即城市外延扩张与农村农民"三集中"[1]齐头并进的城镇化道路。"双轮驱动"的城镇化道路对苏州城镇化的高度发展及经济的高速增长贡献很大,2020年苏州的城镇化率已经达到了77%,苏州国内生产总值(GDP)总量在全国城市中位列第六,在地级市中位列第一。

"双轮驱动"的城镇化道路造就了大量的农民集中居住社区,即伴随着城镇化的发展,将农民集中在一起衍生的社区。这种社区又称过渡型社区、村改居社区等。农民集中居住社区不同于传统的老社区,也有别于新型的商品房社区,有着一些自身的特点。其一,从社会资本角度而言,农民集中居住社区区别于老社区。老社区既存时间已久,部分已经演化成"熟人社会",社区社会资本比较雄厚。农民集中居住社区大多从21世纪初才开始建设,不是"熟人社会",社会资本也没有老社区那么雄厚。这种社区也区别于新型的商品房社区,虽然二者建立时间都差不多,但是商品房社区完全属于"陌生人社会",农民集中居住社区

---

[1] 工业企业向规划的村镇工业园区集中、农业用地向规模农业集中、农民向新型社区集中。

由原有的村集中而成，不是纯粹的"陌生人社会"，至少一部分人之间还是熟识的或是相识的，是一个"半熟人社会"。其二，从社会服务角度而言，农民集中居住社区的社会服务正在由农村服务向城市服务过渡。由于转轨前苏州各级政府进行了精心的制度设计与设施规划，大部分政府提供的公共服务基本到位，因此，农民集中居住社区与老社区、新型商品房社区虽有差异，但基本框架趋于一致。但是在志愿服务、互助服务、公益性服务等方面，无论与老社区相比，还是与新型商品房社区相比，农民集中居住社区都与二者差距较大。主要原因在于老社区、新型商品房社区的基础是城市，而农民集中居住社区的基础是农村。其三，从人的现代化角度而言，农民集中居住社区也落后于老社区和新型商品房社区。社区治理现代化的基础是人，人的现代化是社区现代化的根本。居民的理性精神、效率意识、参与意识、规范意识和对新事物的开放态度等，是社区治理的核心所在。这种现象同样跟历史遗留有关，城市人的现代化程度远远高于农村人，这意味着农民集中居住社区居民的现代化仍然任重道远。其四，从社区复杂性角度而言，农民集中居住社区比老社区和新型商品房社区都要复杂，主要原因有以下三个方面。一是社区不稳定。由于社区处于转型阶段，因此，农民集中居住社区在稳定性方面要逊于老社区和新型商品房社区，社区不稳定带来社区的复杂性。二是流动人口多。苏州经济比较发达，流动人口较多，农民集中居住社区往往位于城郊，这里租金比较便宜，是流动人口租房的首选之地。苏州农民拆迁安置，分得的住房数量又比较充裕，于是把多余的房屋出租，这样一来，农民集中居住社区往往聚集了大量的流动人口。在很多农民集中居住社区，流动人口数量甚至超过本地人口。流动人口多且流动性强的特点，给社区治理带来很大的难题。三是历史遗留问题比较多。部分农民集中居住社区由于先期规划不完善等，还遗留着一些历史问题，加大了后期社区治理的难度。

农民集中居住社区的这种特质，使我们既不能沿袭老社区的治理思路，也不能采用新型商品房社区的治理方式，而应当采取一种切合实际的治理策略。如何在社区治理"共性化"的基础上，彰显农民集中居住社区治理的独特化，是一个值得深入研究的话题。本书旨在探讨城镇化进程中农民集中居住社区的治理问题，致力于社区治理共性与个性的融合，更好地推动农民集中居住社区的治理。笔者希望本研究对推动苏州农民集中居住社区治理问题的解决有一定的帮助，也希望能为我国其他地区农民集中居住社区治理工作的开展提供些许参考与借鉴。

以苏州作为研究对象，笔者综合运用访谈法、观察法、文献法等多种方法，对农民集中居住社区治理的相关问题进行了探讨，如人性化治理问题、社区协商民主问题、"草根"社会组织参与治理问题、"四治（自治、法治、德治、智治）并举"问题、社区服务问题、合理利用空间问题、因地制宜治理问题等。这些问题是社区治理的普遍问题，但在农民集中居住社区中又呈现出一定的特殊性。本书共分为八章。第一章"农民集中居住社区治理的困境"，主要探讨苏州农民集中居住社区的产生背景，农民集中居住社区面临的治理难题，农民集中居住社区面临治理难题的理论阐释，解决农民集中居住社区治理难题的系统性思维，等等。第二章"人性化治理"，主要探讨什么是人性化治理，农民集中居住社区人性化治理的亮点，如何进一步推进农民集中居住社区的人性化治理。第三章"社区协商民主"，主要探讨社区协商民主对于农民集中居住社区的重要意义，农民集中居住社区协商民主的个案经验，农民集中居住社区协商民主存在的问题，如何进一步推动农民集中居住社区协商民主。第四章"'草根'社会组织参与治理"，主要探讨"草根"社会组织对于农民集中居住社区治理的重要意义，"草根"社会组织参与农民集中居住社区治理的实践，"草根"社会组织参与农民集中居住社区治理面临的困境，如何进一步调动"草根"社会组织参与农民集中居住社区的治理，如何孵化和培育农民集中居住社区"草根"社会组织，等等。第五章"'四治并举'"，主要探讨"四治并举"对于农民集中居住社区的重要意义，农民集中居住社区"四治并举"的经验，农民集中居住社区"四治并举"存在的问题，如何进一步推动农民集中居住社区的"四治并举"。第六章"社区服务"，主要探讨农民集中居住社区社区服务的状况，农民集中居住社区社区服务存在的问题，如何进一步完善农民集中居住社区的社区服务，等等。第七章"合理利用空间"，主要探讨合理利用空间对于农民集中居住社区治理的重要意义，农民集中居住社区合理利用空间的实践与经验，如何进一步推动农民集中居住社区更好地利用空间。第八章"因地制宜治理"，主要探讨因地制宜治理社区的重要意义，我国对于社区因地制宜治理的探索，农民集中居住社区"一居一品"（一个社区打造一个特色品牌）建设的个案分析。

为完成本书，笔者开展了较多的调研工作。调研的一个重点是苏州市姑苏区的白洋湾街道（金阊新城）和其中的金筑社区。白洋湾街道农民集中居住社区人口较多，街道在农民集中居住社区人口服务与治理方面取得了不少成果。笔者关注街道发展十多年，感触颇深，白洋湾街道的发展史清晰地反映出苏州农民集中居住的演变史。白洋湾街道下辖的金筑社区是典型的农民集中居住社区，该社区在人性化治理、社区协商民主等方面有着不少创新之举。除此之外，笔者还在苏州市工业园区、高新区、相城区、吴中区等地展开了调研，涉及40多个社区。在本书中，笔者不一一列举，很多用某社区代替。

书稿得以完成，笔者要感谢苏州大学徐维英老师的大力支持；感谢苏州大学出版社金莉莉老师的辛苦审核与校对；感谢苏州大学社会学院常娥、田静、任优等同学在资料方面的大力协助。

目录

第一章　农民集中居住社区治理的困境　/ 001

第一节　城镇化是社会经济发展的大势所趋　/ 001
第二节　苏州城镇化的发展　/ 003
第三节　苏州农民集中居住社区的产生背景　/ 006
第四节　农民集中居住社区面临的治理难题　/ 008
第五节　农民集中居住社区治理难题的理论阐释　/ 015
第六节　解决农民集中居住社区治理难题的系统性思维　/ 018

第二章　人性化治理　/ 021

第一节　何谓人性化治理　/ 021
第二节　农民集中居住社区人性化治理的亮点　/ 026
第三节　如何进一步推进农民集中居住社区的人性化治理　/ 032

第三章　社区协商民主　/ 037

第一节　社区协商民主对于农民集中居住社区的重要意义　/ 037
第二节　农民集中居住社区协商民主的个案经验　/ 039
第三节　农民集中居住社区协商民主存在的问题　/ 046
第四节　如何进一步推动农民集中居住社区协商民主　/ 050

第四章　"草根"社会组织参与治理　/ 057

第一节　"草根"社会组织对于农民集中居住社区治理的重要意义　/ 057
第二节　"草根"社会组织参与农民集中居住社区治理的实践　/ 063

第三节 "草根"社会组织参与农民集中居住社区治理面临的困境 / 067

第四节 如何进一步调动"草根"社会组织参与农民集中居住社区的治理 / 075

第五节 如何孵化和培育农民集中居住社区"草根"社会组织 / 077

第六节 农民集中居住社区"草根"社会组织可持续发展问题 / 080

第五章 "四治并举" / 082

第一节 "四治并举"对于农民集中居住社区的重要意义 / 082

第二节 农民集中居住社区"四治并举"的经验 / 085

第三节 农民集中居住社区"四治并举"存在的问题 / 091

第四节 如何进一步推动农民集中居住社区的"四治并举" / 096

第六章 社区服务 / 104

第一节 农民集中居住社区社区服务的状况 / 104

第二节 农民集中居住社区社区服务存在的问题 / 115

第三节 如何进一步完善农民集中居住社区的社区服务 / 118

第四节 农民集中居住社区养老服务的发展 / 121

第七章 合理利用空间 / 129

第一节 合理利用空间对于农民集中居住社区治理的重要意义 / 129

第二节 农民集中居住社区合理利用空间的实践与经验 / 133

第三节 如何进一步推动农民集中居住社区更好地利用空间 / 137

第八章 因地制宜治理 / 146

第一节 因地制宜治理社区的重要意义 / 146

第二节 我国对于社区因地制宜治理的探索 / 150

第三节 农民集中居住社区"一居一品"建设的个案分析 / 155

参考文献 / 166

第一章

农民集中居住社区治理的困境

农民集中居住社区是城镇化[1]发展的产物，具有时代的特征。21世纪初，随着城镇化的加速发展，大量的农民集中居住社区形成。农民集中居住社区是一类比较特殊的社区，因其具有过渡性质，所以面临一系列的治理难题。解决农民集中居住社区问题须多管齐下，加以应对。

第一节 城镇化是社会经济发展的大势所趋

一、城镇化是人类社会发展的必经之路

城镇化是农业人口转化为非农业人口、农村地域转化为非农村地域、农村价值观念转化为城市价值观念、农村生活方式转化为城市生活方式的多维度与多层面的综合转换过程。反映城镇化水平的一个重要指标为城镇化率，即一个地区常住于城镇的人口占该地区总人口的比例。城镇化是人类社会发展的必经之路，因为其有着一系列的经济、社会、文化、生态效益。从经济上看，城镇化实现人口与产业集聚，形成规模效应与分工效应，会推动经济发展。美国经济学家霍利斯·钱纳里的研究证明，工业化与城镇化之间存在正相关关系。世界银行在《1981年世界银行发展报告》中提出如下模型：$U = 0.052 + 1.882I$，$r = 0.993$。U表示城镇化率，I表示工业化率（工业就业人口占总就业人口的比重），r为相关系

---

[1] 由于镇级建制为我国独有，因此，我国习惯上将其称作城镇化，国外称作城市化。

数。[1] 从社会上看，人口聚集有利于社会资源利用效率的提高，能带来社会服务的多样化，提高人们的福利。从文化上看，人口的集中带来文化上的碰撞，形成"1+1>2"的效应，有利于文化的发展。从生态上看，城镇化有利于资源集约利用与污染集中处理，有利于环境保护。正是由于城镇化具有的种种好处，自工业革命起，人类城镇化取得了突破性的发展。

1800年，全世界城市人口比重只有3%；而到了1900年，地球上已有50%的人生活在城市里。[2] 英国是第一个实现城镇化（城市化）的国家，从1760年产业革命开始，到1851年，英国花了90年的时间，成为世界上第一个城镇（城市）人口超过总人口50%的国家，而当时全世界只有6.5%的人口生活在城镇（城市）中。其后欧美发达国家如美国、德国等，纷纷完成城镇化（城市化）。由于城镇化（城市化）与经济发展的耦合性，伴随着城镇化（城市化）过程，这些国家也基本上实现了现代化。第二次世界大战之后，随着很多发展中国家实现民族独立，这些发展中国家也纷纷走上工业化的道路，加快了城镇化（城市化）的进程，世界城镇化（城市化）率不断提升。1900年，世界城镇化（城市化）率为13.3%，而到了2000年，世界城镇化（城市化）率达到了50%，人类历史上第一次出现了一半人口居住在城镇（城市）的情况。

二、改革开放后我国城镇化迅猛发展

我国自1949年以后就开始了城镇化道路的探索。改革开放前，我国城镇化经历了3个阶段，即1949年以后的短暂发展阶段，1955年至1960年的过度城镇化阶段，1967年至1976年的反向城镇化阶段。改革开放后，我国城镇化进入了健康、快速的发展时期，与经济高速发展相辅相成，我国的综合国力不断增强，社会发展呈现出一派蒸蒸日上的景象。1978年，我国城镇化率为17.9%；2010年，达到了49.7%；2011年，我国城镇人口比重首次超过50%，达到了51.3%；2014年，进一步上升到54.8%。[3]

---

[1] 霍利斯·钱纳里，莫伊思·赛尔昆. 发展的型式1950—1970 [M]. 李新华，徐公理，迟建平译. 北京：经济科学出版社，1988.
[2] 世界城市化进程 [J]. 政策，2001（10）：14.
[3] 国家发展和改革委员会. 人口和社会发展报告2014——人口变动与公共服务[EB/OL].(2015-08-06)[2023-02-12]. http://cn.chinagate.cn/news/2015-08/06/content_36238161.htm.

2020年，我国常住人口城镇化率超过了60%。与之相应的是，我国经济获得了突飞猛进的发展，我国已经成为世界第二大经济体，也实现了全面建成小康社会的目标，正向着现代化的目标迈进。

第二节 苏州城镇化的发展

苏州是中国经济最为发达的城市之一，早在20世纪70年代中后期，苏州就开始了城镇化的发展。总体而言，在农村地区，苏州通过"苏南模式"到"新苏南模式"的转型，大力推动"就地城镇化"。在城市地区，通过城市外延扩张，尤其是开发区"造城运动"，大力推动"外延城镇化"。"双管齐下"是苏州城镇化的鲜明特色。

一、农村地区："就地城镇化"

"就地城镇化"是农村人口不向大中城市迁移，而是以中小城镇为依托，通过发展生产和增加收入，发展社会事业，提高自身素质，改变生活方式，过上和城市人一样的生活。早在20世纪70年代中后期，苏州农村地区就通过"苏南模式"，走上了"就地城镇化"的发展道路。"苏南模式"，由社会学家费孝通在20世纪80年代率先提出，指的是江苏南部的苏州、无锡、常州等地农民依靠自己的力量，发展乡镇企业，实现非农化发展的方式。其孕育萌生于20世纪70年代中后期，形成发展于20世纪80年代与90年代早中期。由于当时苏南地区城市弱、农村强，属于"小马拉大车"的格局，因此，整个苏南经济的崛起就不能过分依赖城市的拉动，而必须走先区域后城市的道路，自下而上靠乡镇企业拉动地方经济的发展是一个务实、合理的选择。"苏南模式"的主要特征是"以乡镇企业为主+基层政府行政推动"。一是以乡镇企业为主。乡镇企业构成了苏南地区农村经济的支柱。二是基层政府行政推动。县乡镇各级政府或者直接经营企业，或者是企业的实际决策者，乡镇企业的发展与各级政府政绩息息相关，"企业办社会"现象也较为普遍。

"苏南模式"形成于计划经济体制与市场经济体制的夹缝之中，可以说走在计划经济之后、市场经济之前。"苏南模式"的主导力量乡镇企业脱胎于计划经济体制之中，尽管它一开始就具有产权不清与政企不分的弊端，但比起当时计划经济模式来讲，它具有市场导向性与灵活性的特点，并且善于利用新旧体制的"摩擦力"。而在计划经济向市场经济转型的初期，基层政府行政推动，动员和组织这些企业的生产活动，具有速度快、成本低等优势，加之当时我国供给导向型的宏观经济局面，因此，"苏南模式"很快得到了蓬勃发展。20世纪90年代中期以前，苏州乡镇企业的发展一直在全国遥遥领先。1988年，苏州全市乡镇企业总数超过1.5万家，创历史最高点；乡镇企业职工总人数超120万，占农村总劳动力的40%以上；乡镇企业总产值达238.6亿元，占农村经济总量的80%以上，占全市工业总产值近1/2，成为苏州农村经济的重要支撑。1994年，苏州乡镇企业总产值占全国乡镇企业总产值的1/6，"苏南模式"辉煌一时。[1]

与"以乡镇企业为主+基层政府行政推动"相伴随，苏南地区走出了一条就地式分散型的城镇化道路。农民不是转移到城市中，而是"离土不离乡"，即通过发展乡镇企业就地实现城镇化。一个村庄既有工业也有农业，成了一个常态化的现象。虽然这种"城乡混杂体"算不上真正意义上的城镇，但是比农村居住形态要高级很多。加之工业化带来的设施与服务的提升，因此，很多情况下，这种"城乡混杂体"接近或者达到了城镇的生活状态。这种就地城镇化在当时有一定合理性，但是弊端也特别明显，人口与产业布局过于分散，除了难以获得规模效益和集聚效益外，还导致耕地资源的巨大浪费。同时，村村点火、户户冒烟又使得环境污染十分严重，难以实现可持续发展。

为克服"苏南模式"的弊端，20世纪90年代中期后，苏州开始由"苏南模式"向"新苏南模式"转型。"新苏南模式"的总体特征是"经济形式多元化+政企分开"。一是经济形式多元化。不再单纯依赖乡镇企业，而是外资企业、民营企业、乡镇企业等多种企业形式并存。二是政企分开。政府从原来直接经营管理的位置上退下来，从竞争性领域和垄断性领域退出来，把直接经营管理权交还给企业。

与"经济形式多元化+政企分开"相伴随，苏南地区克服了"苏南模式"的弊端，在就地式分散型城镇化道路的基础上，开始了就地式集中型的城镇化道路，开始推行"三集中"。"三集中"城镇化道路契合了苏州的实际，节约了土地资源，提高了土地利用效率，保护了生态环境，

---

[1] 中共苏州市委党史工作办公室.苏州乡镇工业的发展历程[EB/OL].(2020-04-29)[2023-01-12].http://www.jsdsw.org.cn/web/detail/detail.html?id=5069.

提升了社会服务，有着一举多得的功效。农田集中，形成千亩农田乃至万亩农田，实现规模化、专业化生产，不但从根本上消除了农村面源污染，而且有利于提高产量。工业向工业区集中，方便了管理，减少了面源污染，从根本上改变了"村村点火、户户冒烟"的状况，而且污水集中处理、固废集中处置措施的落实，有效控制了企业的排污总量。农民向新型社区集中，解决了人口分散导致人地压力过大的矛盾，提高了土地使用率；人口集中带来社会服务水平的提升与设施条件的改善，有利于民计民生；农民集中居住社区向城市社区转型，有利于农民的现代化转型。

当然，苏州并没有一味地集中，而是有选择地保留农村。苏州把农村社区分为城市社区型、集中居住型、旧村改造型、生态自然型、古村保护型五种类型，尤其对生态自然型和古村保护型两种农村社区采取了审慎的态度。这些自然村落和原生态的乡土环境兼顾并满足着千百年来人们的农耕生产和日常生活的需要，始终与大自然保持着最为和谐的关系，它们既是一种自成体系的生态圈，也是苏州山水生态系统整体不可或缺的重要组成部分。苏州尽力保护这两种农村社区，实现了生态与文化的双赢。五种类型农村社区的划分体现了保护与发展辩证统一的精髓。目标是广大农村既保持鱼米之乡优美的田园风光，又呈现先进、和谐的现代文明。

二、城市地区："外延城镇化"

在城市区域，苏州主要通过城市扩张推进"外延城镇化"，就是利用建成区的不断扩大，把农村地区变为城市地区。苏州的"外延城镇化"采用两种方式，第一种方式是传统城区不断扩张，第二种方式是开发区"造城运动"。其中开发区"造城运动"贡献更大，远远超过传统城区的扩张。苏州主城区有6个板块，即姑苏区、工业园区、高新区、相城区、吴中区、吴江区。其中2个板块就是开发区，即1994年成立的工业园区与1992年成立的高新区，这2个开发区都是我国著名的开发区。以苏州市工业园区为例，其城镇化从8平方千米起家，扩展到中新合作区80平方千米，再扩展到全域278平方千米，一路高歌猛进，发展迅速。而相城区、吴中区、吴江区也依托其辖区内的开发区，有力推动了城镇化的发展。例如，相城区一个区就有两个较大的开发区：相城区经济开发区与相城区高新区。相城区经济开发区辖区47平方千米，是以先进制造业为主体，以生产性服务业为支撑，以居住和商业设施相配套的现代化、国际化、信息化的国家级经济技术开发区，通过产业发展，推进城镇化。相城区高新区有60平方千米，致力于打造全国领先的大数据、工业互联网、科技金融、智能驾驶、先进材料、生物医药六大未来产业创新高地，以高科技拉动城镇化。

城市外延扩张快速推动了苏州的城镇化。以市区而言，在2 500年的时间中，市区基本上只有14平方千米的古城。1984年苏州市区建成区面积为32平方千米，1997年市区建成区面积为74平方千米，到2007年达228平方千米，2021年已达到477平方千米，扩张极为迅速。与之相应的是，大片的农田变为城市建成区。

第三节 苏州农民集中居住社区的产生背景

苏州在城乡两端通过不同的策略推动城镇化进程。在农村端，先是乡镇企业带动，后是"三集中"带动，实现"就地城镇化"；在城市端，通过城市发展，城市建成区迅速扩张，实现"外延城镇化"。这两种策略殊途同归，都衍生了大量的农民集中居住社区。

在农村端，苏州通过"三集中"建设农民集中居住社区，推进的力度非常大。在苏州所在的苏南地区，无锡市江阴新桥镇于2003年最先拉开了"三集中"带动农民集中居住的序幕。其被树立典型后，苏南各地纷纷效仿。2003年后，苏州也开始加快农民集中居住社区建设的进度，通过"三置换"与"三统筹"，推进农民集中居住。"三置换"就是鼓励农户把集体资产所有权、土地承包经营权、宅基地及住房置换成股份合作社股权、城镇保障和住房。集体资产置换后，就可以量化成为股金分红，提供可持续收入。"三统筹"就是统筹城乡产业发展规划、统筹城乡社会保障、统筹城乡就业机制。苏州的农民集中居住，基本上采取的是"整村拆迁、大拆大建"的模式，政府征用农地，区域内若干个村全部拆迁，重新安置。依据苏州的相关规划，早在2010年，苏州就将2.1万个自然村落按不同形态规划调整为2 582个农村集中居住点。[1]

---

[1] 王兴平，涂志华，戎一翎. 改革驱动下苏南乡村空间与规划转型初探[J]. 城市规划，2011(5)：56-61.

在城市端，苏州通过外延扩张推进农民集中居住社区的力度也非常大，在全国名列前茅。以苏州市工业园区为例，21世纪初，农民集中居住社区发展迅猛，形成了很多大型的农民集中居住社区。例如，大型农民集中居住社区莲花新村已经形成了8个小区，归口6个社区，聚集人口近10万。苏州市高新区也是如此，形成了较为大型的农民集中居住社区（阳山花苑等），不仅人口众多，从空间上看也是非常壮观的。

农民集中居住社区不是苏州独有的现象。自21世纪以来，我国很多地区都在推进城镇化建设，农民集中居住已是大势所趋，但苏州的农民集中居住社区有着自身的特色。

一是矛盾较少。农村端经过前期的"苏南模式"分散型"就地城镇化"的积淀，有了一定的基础，产业城镇化快于人口城镇化，因此，推进起来阻力相对较小。而且，苏州推行的"三置换""三统筹"等政策，也为集中居住避免了矛盾。"三置换""三统筹"为苏州的城乡一体化做出了很大的贡献，也为农民集中居住排除了很多不利因素。我国不少地区农民集中居住伴随着大量的拆迁补偿问题、产业发展问题等，苏州则相对平稳。这在很大程度上归功于"三置换""三统筹"等政策。城市端由于社会经济比较发达，补偿力度较大，因此，矛盾也相对较少。

二是力度极大。苏州人多地少，人地矛盾尖锐，相比我国绝大部分地区，农民集中居住力度更大。在我国一些人口密度相对较小的地区，农民集中居住能够以相对缓和的方式进行。比如，有的地区集中采取"强村模式"，推动农民集中居住。原来的村不再审批宅基地，所有住宅增量必须落地在新规划区，这样经过一段较长的过渡期，农民实现了集中居住。有的地区采取"村变社区模式"，在几个村的中心建设社区，配套公共设施与公共服务，逐步达到村改社区与集中居住的目的。而苏州则不同，常住人口密度高达1 472人/平方千米，在江苏省排名第一，远远高于江苏省其他城市[1]，人地矛盾是苏州面临的最大矛盾之一。近年来，不少学者做了关于苏州资源与环境承载力的研究，得出的结论是在水资源、土地资源、环境支持能力等各个方面，苏州的空间与潜力都比较小，资源与环境承载力趋近饱和。在这种情况下，苏州在有选择

---

[1] 根据《江苏统计年鉴2020》《苏州统计年鉴2020》、江苏省第七次全国人口普查数据、苏州市第七次全国人口普查数据等计算而得。

地保留农村的前提下,往往采取"简单粗暴"的模式,将区域内若干个村全部拆迁,将村民们集中在相对较小的范围内,将空余出来的土地用于城市建设。

三是地域特色。苏州农村前身经历过"苏南模式","苏南模式"以集体经济著称。在"苏南模式"下,居民追求共同富裕,追求公平,追求平等。城镇化后,对于很多村庄遗留下来的数额不等的集体资产,以"三置换""三统筹"为基础,将集体资产投资经营,之后每年进行"股金分红",已成为一种常态。但是因为农民自身的保守性,他们一般选择投资门面房进行出租等,而不投在实体经济上。集体资产或是由村民自己经营,或是雇人经营,形式各异。集中居住之后,虽然"股金分红"运作体制发生了较大变化,但每年原村居民也要定期召开股东大会与各种协商会,研究与股金相关的问题。"股金分红"是"苏南模式"留给苏州的宝贵财富,是苏州地域文化的集中反映,为苏州的城镇化与集中居住提供了重要保障。农民通过"股金分红",获得了一笔不小的收入,这笔收入为失地后的农民提供了生活保障。这也是苏州农民集中居住推进较为顺畅的重要原因之一。

第四节　农民集中居住社区面临的治理难题

农民集中居住社区的形成,有着社会、生态、文化上的多重益处,这毋庸置疑。但是也带来了一系列挑战,其中一个重要的挑战是农民集中居住社区的治理问题。这一问题,直接关系到农民的生活质量,直接关系到社会的稳定,直接关系到我国城镇化的健康发展。解决好这一问题,意义重大。那么农民集中居住社区究竟面临哪些治理难题呢?经过对苏州相关社区的调查,笔者将其总结如下。

一、空间失范问题

农民集中居住后,面临生活方式的转变问题。集中居住之前,农民居住的或是平房,或是楼房,每家都有院落,空间较大。集中居住之后,居住的是楼房,最矮的楼房有6层,有些甚至高达十几层或二十几层。农民居住空间的密度较大,甚至比城市社区的密度都要大。在这种情况下,农民不适应新的生活方式,随之带来的是空间失范问题。

1. 乱晒衣物

集中居住之前，农民晒衣服和被子，习惯将其放在相对开阔的空间。集中居住之后，这种空间不复存在。尽管集中居住区每家都有供晒衣物的阳台，但农民已经养成了习惯，习惯寻找开阔的空间。当找不到这种空间时，他们就会寻找相应的替代空间，比如公共草坪等，这就容易造成空间的杂乱无章。

2. 乱堆杂物

农民一般爱惜自己的东西，不愿意随意丢弃，哪怕是已经用不到的东西，如农具等。集中居住之前，这些东西有足够堆放的空间。集中居住之后，堆放的空间明显不足。一些居民家里堆放不了，或者不舍得用家里有限的空间堆放物品，就寻求一些能够利用得上的替代空间，比如楼道口等，"见缝插针"地堆放物品，使得空间比较凌乱，也容易造成一定的安全隐患。

3. 破坏空间

集中居住之后，空间设施发生了变化，对于这种以前没有习惯使用的设施，居民的破坏行为明显增多。社区的一些基础设施，易遭到一定程度的破坏。

4. "扎堆"集体活动空间的缺乏和丧失

集中居住之前，农民有集体活动的习惯，如"扎堆"聊天等。集中居住之后，社区能够提供的公共空间比较有限，尽管也有一定的娱乐空间，如棋牌室等，但由于规模实在太小，难以满足居民的"扎堆"需求。"扎堆"集体活动空间的缺乏与丧失，使很多居民感到无所适从。

5. 车库住人与开店

集中居住之后，很多居民不习惯住在高楼层，于是选择车库作为居住场所。一些上了岁数的居民，入住车库的尤其多。当然也有部分居民把车库出租给流动人口居住，以获取租金。车库用电与煤气不方便，很多居民私拉电线，违规使用煤气罐等，造成一定的安全隐患。另外，有一部分居民在车库里开店，获取经济效益。当然，住人与开店现象也凸显了规划上的缺陷，住人与开店的车库都在地面以上，并且朝外开门，客观上为住人与开店创造了条件。

对于这些空间失范问题，我们不能将其完全归咎于居民。一方面，居民适应这样的生活要有一个过程。目前的城镇化进行得太快，居民还来不及适应，很多问题的出现也在情理之中。用居民自己的话讲，"其实人就像动物一样，过去是散养的，现在一下子圈养起来，怎么能够适应呢？"另一方面，对楼的设计也有问题。如果将车库放到地下，将现有的车库改为朝内开门，就不会出现车库住人和开店现象。

二、流浪猫狗问题

集中居住之前，农民养了较多的猫和狗。集中居住之后，一方面，城市社区的管理规定对居民养猫和狗有了一定限制；另一方面，搬进楼房之后，养猫和狗也不方便。出于这两方面的原因，一些居民把猫和狗丢弃，任其自生自灭，导致流浪猫狗问题。一是大量流浪猫狗聚集，尤其是流浪猫经常晚上聚集在一起嚎叫，产生扰民问题，影响居民休息。二是产生环境卫生问题，流浪猫狗经常翻垃圾箱寻找食物，对环境造成污染，同时也有传染疾病的隐患。

三、社区凝聚力下降问题

农民集中居住社区的前身是农村社区，是一个"熟人社会"，是一个有机的共同体，社区社会资本发挥了很大作用。最早提出社区概念的是德国社会学家斐迪南·滕尼斯（Ferdinand Tonnies）。他所指的真正意义上的社区实际上就是农村社区。那些有着相同价值取向、人口同质性较强的社会共同体，其体现的人际关系是一种亲密无间、守望相助、服从权威且具有共同信仰和共同风俗习惯的人际关系，由传统的血缘、地缘和文化等自然因素造成的……[1]当然这种社区是以小规模人口为基础的，毫无疑问，群体规模大，人们之间的充分互动就很难，异质性也将增强。

集中居住直接导致农村社区的解体，若干个农村社区合并为一个农民集中居住社区，社区的凝聚力大大下降。一是核心的共同体指向消失。原来社区凝聚力的基础是村庄，但是村庄已经不复存在。新的凝聚力来源于农民集中居住社区，但是居民对集中居住社区的情感不是短时间内就能培养出来的。因此，居民的凝聚力长期处于"真空状态"。二是不再是"熟人社会"。在农民集中居住社区中，目前局部是"熟人社会"，但整体上已经不是"熟人社会"，在短时间内，社区情感很难能够激发

---

[1] 斐迪南·滕尼斯. 共同体与社会：纯粹社会的基本概念［M］. 林荣远，译. 北京：商务印书馆，1999.

出来。三是传统的社区管理手段失去效力。过去农村社区动员居民的一些方式，已经不太适用于农民集中居住社区。比如，农村社区常用舆论手段影响农民的行为。但在"非熟人社会"中，舆论手段的作用大打折扣。在这种情况下，居民参与社区事务的意愿也大大降低了。除了参与与自己权益有关的事情，居民对其他事务基本上抱着"事不关己、高高挂起"的态度，这与在农村社区时大相径庭。

四、人际疏离问题

农民集中居住后，人际关系出现了明显的变化。从对5个社区200名居民（被调查对象均为集中居住两年以内的居民）的调查中，笔者得出了以下结论：居民人际交往范围有所扩大；居民与原村落的人的联系在减少；居民感到幸福指数在下降；居民认为人际关系在疏离。

其一，居民人际交往范围有所扩大。当被问及"集中居住后您的交往范围是变大还是变小"这一问题时，73.5%的居民选择"交往范围变大"，8.0%的居民选择"交往范围变小"，13.0%的居民选择"没有变化"，5.5%的居民选择"说不清"。（表1-1）

表1-1 集中居住后居民交往范围的变化

选项	人数/人	占比/%
交往范围变大	147	73.5
交往范围变小	16	8.0
没有变化	26	13.0
说不清	11	5.5

集中居住打乱了原有的空间秩序，居民开始与一些之前陌生的人为邻或者打交道，因此，交往范围有所扩大，这是集中居住所带来的必然结果。

其二，居民与原村落的人的联系在减少。当被问及"集中居住后您与原村落的人的联系是增加还是减少"这一问题时，16.5%的居民选择"联系增加了"，70.5%的居民选择"联系减少了"，9.5%的居民选择"没有变化"，3.5%的居民选择"说不清"。（表1-2）

集中居住拆散了原有的空间架构，原村落的人被安排在不同的居民楼或者小区之中。空间上的隔离，导致居民交往较少，这在情理之中。

表 1-2　集中居住后居民与原村落的人的联系情况

选项	人数/人	占比/%
联系增加了	33	16.5
联系减少了	141	70.5
没有变化	19	9.5
说不清	7	3.5

其三，居民感到幸福指数在下降。当被问及"人际关系变化对您的福利是增加还是减少"这一问题时，17.0%的居民选择"增加了自己的福利"，64.0%的居民选择"减少了自己的福利"，14.0%的居民选择"没有变化"，5.0%的居民选择"说不清"。（表1-3）

表 1-3　人际关系变化对居民福利的影响

选项	人数/人	占比/%
增加了自己的福利	34	17.0
减少了自己的福利	128	64.0
没有变化	28	14.0
说不清	10	5.0

对于农民集中居住社区的居民而言，建立了不少新的联系是"正向效应"，与原村落的人的联系减少是"负向效应"。"一正一负"之下，居民为何感觉福利减少？笔者认为，其原因在于"一正一负"之间的不对称。认识了不少新的居民，说明居民的"弱关系"在扩大，但是这种"弱关系"的增加并不能给居民带来实质性的帮助。与原村落的人的联系减少，说明居民的"强关系"在减少，这种"强关系"的减少却实实在在地减少了对居民的实质性的帮助。因此，居民感到福利减少，也就在情理之中了。

其四，居民认为人际关系在疏离。当被问及"集中居住后您的人际关系总体上是亲密化还是疏离化"这一问题时，15.0%的居民选择"人际关系逐渐亲密化"，62.0%的居民选择"人际关系逐渐疏离化"，11.0%的居民选择"没有变化"，12.0%的居民选择"说不清"。（表1-4）

表 1-4　人际关系的总体判断

选项	人数/人	占比/%
人际关系逐渐亲密化	30	15.0
人际关系逐渐疏离化	124	62.0
没有变化	22	11.0
说不清	24	12.0

农民集中居住之后，总体感觉人际关系在疏离。说明居民骨子里还是主要依赖"强关系"，这一点与集中居住前类似。"强关系"在弱化，因此，居民的整体感觉就是人际关系变得疏离。而"弱关系"在居民心中无足轻重，虽然"弱关系"在增强，但居民对此感知甚微。笔者认为，随着空间的变化，在农民集中居住社区中，"强关系"的减弱是必然趋势。但是一定要强化"弱关系"，让"弱关系"转换为"强关系"，或者让"弱关系"发挥作用。这是农民转变为市民的关键所在，也是"传统人"转变为"现代人"的关键所在。

五、社区"亚文化"问题

村庄被拆迁后，不同村庄的农民组合成一个新社区，面临着人际关系的磨合。这个过程中出现的社区"亚文化"现象不容忽视。社区"亚文化"现象即在新的社区中，居民为了适应新的环境，倾向于与原来的村民打交道，并结成"亚文化"团体，抱团行动。这种"亚文化"现象的出现，是农民适应环境的理性选择，无可厚非，但也会造成一定的负面影响。其一，这种小群体行动易造成社区"人际固化"，即居民还是与原来的村民打交道，不与新邻里交往，这不利于社区人际关系的融洽。其二，这种"亚文化"发展到一定程度，还会产生一定的破坏性。在部分社区，由原不同村落结成的各个"小群体"，为了在社区中争夺空间与资源，甚至大打出手，这不利于社区的稳定和团结。

六、"政经分离"问题

苏州有独特的"股金分红"地域文化。这种文化为苏州城镇化及集中居住提供了有力保障，但也造成了"政经分离"问题，这也是苏州农民集中居住社区独有的问题。所谓"政经分离"，是指将农村基层自治组织和集体经济组织分离运作，农村基层自治组织从事自治管理和公共事务，集体经济组织抓好集体"三资"的运营管理，做大做强村级集体经济。"政经分离"对社区建设起到一定的促进作用，比如，社区中有小孩考上大学，仍由原村利用股金分红进行奖励。但是也有一定的负面影响。因为股金分红涉及居民的切身利益，所以居民参与积极，但是他们对所属社区活动的参与缺乏兴趣，久而久之，不利于社区居民关系的融洽，也影响社区的建设。

七、青年游手好闲问题与赌博问题

在很多农民集中居住社区，由于原有村庄集体资产较多，村民可以拿到较多的股金分红，再加上补偿比较到位，因此，居民生活比较富裕。但很多农民文化程度比较低，一下子拥有大量的财产后，他们往往无所适从，打麻将成为很多居民的消遣方式之一。部分青年因为家境比较富裕，也不就业，不仅打麻将，有的还走上了赌博的道路，甚至有的输得倾家荡产。

八、流动人口问题

苏州的拆迁安置政策比较好，农民可以分到2~3套甚至更多的房子。农民自住其中一套，把多余的房屋出租，已经成为常态化。苏州工业非常发达，打工的流动人口极多。由于农民集中居住社区的房屋租金相对较低，同时距离工作单位比较近，因此，打工的流动人口比较愿意租住此类房屋。但是这样一来，农民集中居住社区就会集中大量的流动人口。在很多农民集中居住社区中，流动人口数量已经超过本地人口。流动人口的存在，加大了社区的治理难度，原因有以下三个方面。一是部分流动人口素质不高。二是与本地人口不同的是，流动人口流动性强，在社区时间较短，没有更多的社会资本可言。同时流动人口与本地人口的生活方式不同，二者交往空间又比较小，因此，也难以形成良好的社会资本。缺乏社会资本，也就缺乏行为约束，这就使得流动人口越轨行为发生率比较高。三是由于流动人口呈现短期博弈模式或者一次性博弈模式，很难注重长远利益，增加了越轨行为的可能性。流动人口带来的主要问题集中在以下三个方面。一是治安问题。部分流动人口偷窃社区公共设施，还有的流动人口偷窃居民的电瓶车等，带来一些治安隐患。二是环境卫生和安全问题。部分流动人口随地乱扔垃圾、高空抛物等，破坏社区的环境卫生，增加社区的不安全因素。三是群租房问题。很多流动人口以群租的形式在农民集中居住社区租房，不仅造成安全隐患，还带来扰民与邻里纠纷等诸多问题。

九、社区"外溢性"问题

农民集中居住社区还有"外溢性"问题，即农民集中居住社区将社区问题"传递"给其他类型的社区。有些农民集中居住社区的居民有多套住房，自住一套，把多余的房子出租。也有的居民为了孩子上学或者追求更好的居住环境，将所有住房出租，另外在商品房社区购房居住，造成"人户分离"。这带来治理上的难题。一方面，户主不在，加大农民集中居住社区的治理难度；另一方面，居民搬到商品房社区，生活习惯的不同又会给商品房社区带来一定的"外溢性"问题。以下两个案例就是这种"外溢性"问题的体现。

案例1：搬家放鞭炮

苏州农民有搬家放鞭炮的习惯，而且有时在早上四五点鸣放鞭炮。农民集中居住社区的居民搬到新型商品房社区时，也沿袭了这一习俗。商品房社区的大多居民对于这种习俗难以接受。农民搬到商品房社区的过程中，搬家放鞭炮扰民一度成为被投诉的问题。

案例2：焚烧东西

苏州农民有自己的特定习惯，在某些日子要焚烧东西以示纪念。集中居住之前，有空地可供焚烧东西，问题不大。集中居住之后，一些居民仍在小区公共空间或者楼栋下焚烧东西，虽然社区工作者不允许，但是因为居民是"过来人"，都知道这一习惯，所以往往比较宽容，反对声音也不是太大。但部分农民集中社区的居民买了商品房后，在商品房社区里还坚持这一行为，这往往会引起邻里纠纷，因为商品房社区的很多居民无法接受这一行为。

第五节 农民集中居住社区治理难题的理论阐释

农民集中居住社区面临的治理难题，可以用文化堕距、再社会化、二次城镇化理论予以解释。

一、文化堕距

文化堕距亦称文化滞后或文化落后，是指社会变迁过程中，文化集丛中的一部分落后于其他部分而呈现呆滞的现象，即文化的两个或多个部分，由于变化的时间和程度不一致，导致彼此间的协调性降低。具体到农民集中居住过程中，文化堕距体现在文化三个层面中物质、制度、观念三者的不统一，往往制度层面、观念层面远远滞后于物质层面，从而使农民无所适从，衍生出一系列社会问题。我国的城镇化速度最快的是物质层面，一个个农民集中居住社区拔地而起，景观与设施基本上和城市无异。处在中间的是制度层面。农民短时间内难以适应新的社区制度，但旧的制度体系已经被破坏，因此，农民处于一种制度真空的状态。这也就解释了农民为什么破坏行为多。理论假设决定实践路径，如果我们仅仅把这一切归咎于农民的素质低，那么我们的管理必定会出现偏差。最慢的是观念层面，观念层面是最难以改变的一个层面。农民世世代代与土地打交道，已经形成了与土地相关的观念，包括消费、生活观念等。传统的农村社会以血缘、地缘为基础，以"差序格局"为准则，形成乡村共同体。但是突然搬到农民集中居住社区后，所有的乡村共同体解体，已经适应这一切的农民难以转变观念，因此出现了孤独、失落等心理问题。针对文化堕距，我们要通过一些人性化的措施与循序渐进的政策，消弭三个层面的鸿沟，使居民更好地适应新环境与新生活。

二、再社会化

再社会化指在早期社会化与继续社会化中与社会要求不相适应的人的社会化过程，主要特点是改变或调整社会化对象原有的世界观、价值观、行为准则和生活方式，使之符合社会的规定与要求。农民集中居住社区居民原来的世界观、价值观、行为准则和生活方式是在既有的传统农村形成的，集中居住后，情形发生了重大变化，客观上需要农民转变原来的世界观、价值观、行为准则和生活方式。但是由于原有的世界观等根深蒂固，再社会化难度很大。因此，我们一方面要尊重农民既有的习俗等，折中地处理现代化与传统之间的关系；另一方面，也要通过循序渐进的方式，采取一些措施帮助农民完成这一转变。比如，通过教育培训，对农民增能；通过宣传活动，提高农民自身素质，让农民获得谋生的技能与手段，逐渐接受城市的生活方式，参与社区事务，培养主人翁意识。

再社会化的目的是使集中居住的农民成为"现代人"与"城市人"，这一标准是什么呢？笔者认为，美国著名的社会心理学家主要代表之一艾利克斯·英格尔斯的"现代人"理论给出了答案。他认为：一个现代社会要有效地发挥作用，必须要求公民具备某种品质、态度、价值观念、习惯和意向。[1] 在任何社会和任何时代，人都是现代化进程中的基本要素。在《人的现代化》一书中，艾利克斯·英格尔斯归纳出了现代人的12个特征：（1）乐于接受新的生活经验、新的思想观念和新的行为方式；（2）接受社会的改革和变化；（3）思路广阔，头脑开放，尊重并愿意考虑各方面的不同意见、看法；（4）注重现在与未来，守时惜时；（5）强烈的个人效能感，对人和社会的能力充满信心，办事讲求效率；（6）重视有计划的生活和工作；（7）尊重知识；（8）可依赖性和信任感；（9）重视专门的技术；（10）对教育的内容和传统智慧敢于提出挑战；（11）相互了解、尊重、自尊；（12）了解生产和过程。[2]

三、二次城镇化

通常而言，一个完整的城镇化应当分为四个层面。一是人口维度，即由农民身份变为市民身份。二是景观层面，即由农村景观变为城市景观。三是经济层面，即由农村经济变为城市经济。从宏观上讲，产业结构发生变化，第一产业比例减少，第二、第三产业比例增加。从微观上讲，农民由从事农业转为从事第二、第三产业。四是社会层面，即由农村的生活方式转为城市的生活方式。

关于"二次城镇化"，目前在我国尚未有明确的定义，相当于"再城镇化"。我国的城镇化进程不均衡，四个层面不统一，往往"人口城镇化"与"景观城镇化"在前，"经济城镇化"与"生活方式城镇化"在后。"二次城镇化"是完成了"人口城镇化"与"景观城镇化"之后，再补"经济城镇化"与"生活方式城镇化"的课，是一个事后"补课"的过程。就我国普遍情况而言，因为城镇化推进不彻底与不充分，"二次城镇化"任务很重。"人口城镇化"最容易，只要户籍变更就可以完成，

---

[1] 英格尔斯. 人的现代化 [M]. 殷陆君，译. 成都：四川人民出版社，1985.
[2] 英格尔斯. 人的现代化 [M]. 殷陆君，译. 成都：四川人民出版社，1985.

这也是我国城镇化波动较大的原因。"景观城镇化"实现起来也不难，尤其在苏州这种人口密度较大的发达地区，大规模的拆迁改造是社会经济发展的必由之路。"经济城镇化"在我国有些地区推动很难，这些地区在经济发展尚未充分的情况下，大力推动城镇化进程，导致了很多"虚假城镇化"与城镇化"大跃进"现象。但是在苏州，由于经济比较发达，工业化快于城镇化，因此，"经济城镇化"实际上也已基本完成。主要问题是"生活方式城镇化"，农民生活方式的转变仍任重道远。毕竟长期形成的生活方式，要在一朝一夕之间改变，实属不易，它是一个巨大的社会工程。农民集中居住社区的治理，就是解决这一难题的具体表现。

第六节 解决农民集中居住社区治理难题的系统性思维

农民集中居住社区存在多样性的问题，对社区治理带来了严峻的挑战。对于这些问题，要秉持系统性思维，加以解决。

一、措施的多样化

农民集中居住社区问题比较复杂，与之相应，治理措施也要全面，多管齐下，不能偏颇。要推行人性化治理，让居民感到受尊重；要实施协商民主，实现社区事务的民意、民商、民决；要发挥"草根"社会组织的作用，全方位为居民服务；要依据社区实际，自治、法治、德治、智治有机结合；要加强社区服务，多方面满足居民的需求；要善用空间，发挥空间在社区治理中的作用；要因地制宜地开展社区治理，做到事半功倍。

二、路径的双向化

农民集中居住社区要坚持"自上而下"与"自下而上"及"他助、互助、自助"相结合的治理路径。

其一，农民集中居住社区要坚持"自上而下"与"自下而上"的治理路径。一方面，农民集中居住社区治理离不开政府，这是社区治理持续健康发展的前提；另一方面，作为自治单位，农民集中居住社区的治理离不开居民的投入，这是社区治理持续健康发展的基础。

其二，农民集中居住社区要坚持"他助、互助、自助"相结合的治理路径，三者缺一不可，不可偏颇。首先，农民集中居住社区很多问题的解决离不开"他助"，需要国家政策的引导与顶层设计，比如，公共服务的提供、公共设施的建设等。其次，农民集中居住社区很多问题的解决离不开"互助"，可利用社会网络满足居民的多种需求，包括物质层面与情感层面的需求。最后，农民集中居住社区很多问题的解决离不开"自助"，社区治理的关键在于人，个体增能才是解决问题的关键所在。

三、参与主体的多元化

农民集中居住社区的治理，离不开多主体的参与，这是由社区的本质与社区的复杂性决定的。就社区的本质而言，社区是一个共同体，在这个共同体内，"人人为我，我为人人"。居民之间既有行为的互动，也有情感的互动。社区的本质要求参与主体的多元化，只有多个主体参与，每个主体各显其能，各尽其力，才能形成"人人为我，我为人人"的局面。就社区的复杂性而言，农民集中居住社区比以往任何一种类型的社区都要复杂。首先是问题复杂，农民集中居住社区既有社区的共性问题，又有自身的难题；既有现实问题，也有历史遗留问题。其次是人群复杂，农民集中居住社区的居民由农民变为市民，生活方式需要转变，比较复杂。另外，大量流动人口的存在，更增加了复杂性。应对社区的复杂性，需要多主体的投入，政府、居委会、"草根"社会组织、居民、物业、业主委员会等群策群力，形成网络体系，"共建、共治、共享"，把农民集中居住社区治理好、服务好，把社区打造成宜居的场所。

四、思路的辩证性

在解决农民集中居住社区问题方面，我们要坚持思路的辩证性。一方面，我们确实要看到困难的一面。农民集中居住社区治理主要涉及人的转型问题，而人的转型具有长期性与复杂性的特点。另一方面，我们也要看到有利的一面。农民集中居住社区也有一些潜在的优势，只要因势利导，还是大有可为的。优势之一是"半熟人社会"。农民集中居住社区既不同于其前身的农村社区及一些城市老社区，也不像新型商品房社区。农村社区和一些城市老社区，属于"熟人社会"，社会资本雄厚。新型商品房社区，人与人之间完全陌生，属于"陌生人社会"。在农民集中居住社区，居民普遍的人际关系的状态如下：熟识原来同村的居民及少部分外村的村民；认识但不熟识一部分外村的居民；完全不认识一部分外村的居民。因此，就社会资本存量而言，尚比较乐观。优势之二是社区精英，我们也可以把它称为精英与乡贤。这也是原农村社区给农民集中居住社区遗留下来的宝贵财富。过去在农村社区，有部分精英与乡贤在村庄治理中发挥了重要作用。在农村社区转型为农民集中居住社区的过程中，他们继续发挥作用。例如，很多拆迁工作的完成，精英与乡贤功不可没。用精英与乡贤自己的话讲，他们发挥了"三个千万"（千辛万苦、千难万险、千言万语）的作用，才让农民同意搬到集中居住社区之中。既然精英与乡贤在拆迁中发挥了巨大的作用，我们同样也有理由相信，在农民集中居住社区的治理中，只要善用精英与乡贤，他们也将一如既往地发挥作用。优势之三是文化基础。苏州是吴文化的发祥地。吴文化追求内敛又宁静的氛围，倡导人与人之间、人与社会之间、人与自然之间能够和谐共生与协同发展。吴文化追求融合理念，融合理念是一种将各家所长集于一身、协同发展的理念，这些都有利于社区的治理。

第二章 人性化治理

农民从原来分散居住到现在集中居住，生活方式发生了重大转变。对新的生活方式的适应不是一蹴而就的，而是一个渐进的过程。笔者认为，所谓社区治理，是指政府、社区组织、居民及辖区单位、营利组织、非营利组织等基于市场原则、公共利益和社区认同，协调合作，有效供给社区公共物品，满足社区需求，优化社区秩序的过程与机制。人性化治理是社区治理的根本所在，是治理的"魂"，如果没有人文关怀，社区治理就失掉了核心价值。当前在农民集中居住社区的治理中，要采取人性化措施，积极引导居民生活方式的转变，而不是简单、粗暴地强制改变。要充分考虑居民的状况，设身处地为他们着想，而不是简单、粗暴地进行单方面安排。要充分考虑居民的个性需求，而不是一味地套用标准化体系一以贯之。

第一节 何谓人性化治理

社区能彰显人性化的空间，这是由社区的性质所决定的。社区是一个共同体，不仅要满足居民物质层面的需要，还要满足居民精神层面的需要，不仅是人们居住的场所，也是人们心灵的家园。社区治理面对的是活生生的人，人性化是社区治理中的永恒主题。近些年来，我国很多社区都在积极探索人性化治理，但是对于什么是人性化治理，目前是仁者见仁、智者见智，还没有统一的标准。关于农民集中居住社区的人性化治理，笔者的总结如下。

一、尊重居民的权利与文化习惯

人性化治理首先意味着尊重居民的权利与文化习俗。在集中居住之前，农民已经经历较长时间的分散居住，我们应从这一前提出发，尊重他们的权利与文化习俗，适度"柔性管理"[1]。美国普鲁伊特—艾格尔住宅区事件就是一个典型案例。

1954 年，美国在圣路易斯中心新建的普鲁伊特—艾格尔住宅区，本来是为低收入者所建，设计者的出发点是为他们创建更好的生活环境，事实上这样的目的也达到了。但出乎设计者意料的是，几年之后，这里被破坏得一塌糊涂，而且治安也变得出奇地差。在一次又一次改建失败后，当局不得不炸毁了大部分住宅区，而这一举动赢得了居民们的一片欢呼。

这次事件发人深思。研究表明，普鲁伊特—艾格尔住宅区空间设置与社会文化因素严重脱节，没能尊重居民的文化习俗，是导致其建设失败的重要原因。这一住宅区的设计犯了三个方面的错误。一是电梯是双层停靠。正常居民区的电梯都是单层停靠，双层停靠的举措无疑告诉居民"你们是低层次人，不是正常人"，由此引起了居民的逆反心理。二是居民区重要设施都用护栏护住，以防居民破坏。这是更严重的歧视，等于公开侮辱，因此激起了居民更大的逆反心理。而人的心里"不顺畅"，再好的设施也是防护不住的，这也是设施被破坏得一塌糊涂的根本原因。三是没有给低收入者留"扎堆"的公共空间。从人性角度看，低收入者喜爱"扎堆"，这就需要给他们提供一定的可以"扎堆"的公共空间。但是遗憾的是普鲁伊特—艾格尔住宅区并没有考虑低收入者这方面的需求，导致居民把一些地方变成了"扎堆"的场所，于是出现了空间被破坏的现象。

笔者认为，尊重居民的权利与文化习俗，做到以下四点非常重要。一是不能歧视居民。像上述美国普鲁伊特—艾格尔住宅区的案例，就反映了明显的空间歧视，这样当然会激发居民的逆反心理，得不偿失。二是适度尊重居民原有的生活习惯。人的生活习惯一朝一夕之内难以改变，因此，要适度尊重居民原有的生活习惯。"欲速则不达"，循序渐进方能

---

[1] 一种生产体制，是以柔性管理理论为基础，与实现企业柔性生产系统所采取的组织形式相适应的管理方法和生产手段两者的统一。

取得理想的效果。三是要充分尊重居民的意见。空间的塑造及设施的规划，要征得居民的知情同意，要通过协商民主，让居民参与其中，而不是简单地"被安排"。四是要体现出人文关怀。要从细节中，让居民感受到温暖，感受到关爱。空间不仅要满足人们休息和娱乐的需要，还要有人情味。

二、进行换位思考

只有设身处地地从对方的角度出发考虑问题与处理问题，许多社会矛盾才能化解，许多问题才能从根本上得以解决。因此，在对农民集中居住社区空间的安排及政策的实施等过程中，我们要设身处地考虑农民的接受程度与心理状况，切忌简单粗暴。要站在对方的角度上考虑他们的需要，而不是想当然地"给予"。在这方面，一个很好的案例是专家扶贫案例。

我国部分高校专家到边远省份某少数民族村开展扶贫工作，扶贫工作需要完成3个目标：一是为妇女增能；二是听取居民的汇报，掌握居民的动向；三是给居民创收。在工作开展的过程中，专家遇到了不少"麻烦"。首先，为妇女增能，采取的方式是给妇女上补习课，每天晚上7:30开始。但是妇女很少准时出席，她们缺乏时间观念，往往都是晚上吃完饭，收拾完家务，安顿好老人与小孩后，才来上补习课。其次，听取居民的汇报，采取的方式是让少数民族居民用汉语汇报。尽管居民也会汉语，但是表达不流利，因此他们非常紧张，致使整个调研效果不太理想。最后，给居民创收，采取的方式是引导居民利用天然原料编制工艺品，专家给他们提供工艺品的销路。但是在这一过程中，居民产生了分歧，一部分居民要求按照"人头"给钱，一部分居民要求按照工作量给钱，还有一部分居民提出先给钱后干活。

这些情况一度让专家非常困惑，后来他们站在当地居民的角度，换位思考，改变了策略。首先，从农村妇女的角度出发，农村毕竟不同于城市，农村妇女时间观念不强。因此，后来扶贫队尊重当地妇女的习惯，不再要求妇女固定时间来学习，而是让她们晚上处理好家里的事情后再来学习。其次，经过反思，专家们决定让村民用少数民族语言汇报，而且汇报形式不限，村民甚至可以采用"数来宝"（一种曲艺形式，别名"顺口溜"）的形式，专家们再整理。结果村民也不紧张了，"话匣子"一下子就打开了。专家们问出了很多信息，调研效率也相应提高了。最后，考虑到该村的人口结构有一定的特殊性，有一个大姓，有一个小姓，还有若干个杂姓。从收益最大化角度出发，大姓的居民希望按"人头"分，小姓的居民希望按工作量分，杂姓的居民由于经常吃亏，希望先付钱后干活，这些都是可以理解的。了解到这些情况以后，专家设计了更为科学、合理及兼顾各类人群的分配方案。

笔者认为，要做到换位思考，需要做到以下三点。一是真正把居民放在主体地位，一切为了居民，为了居民的一切，想居民之所想，急居民之所急。二是充分了解居民的需求。只有充分了解居民的需求，才能真正换好位。这就需要我们熟悉各种社会调查方法，真正调查出居民的需求。三是加强学习。做好换位工作，不是简单一句话的事情，而是要分析问题与研判问题，这就需要加强学习。只有不断学习，才能提高换位思考的能力。

三、满足个性化需求

人性化还体现在个性化需求环节。人的需求有共性的东西，但也是千差万别的。因此在满足居民需求方面，不能采取"一刀切"的做法，必须尊重居民的个性化需求，有针对性地提供服务。不能认为服务对象之前是农民，基本情况都差不多，就忽视了他们的差异性需求。

四、考虑人的心理

在农民集中居住社区的治理中，掌握居民的心理非常重要。治理就是"治人心"，人心顺了，治理就会容易很多，反之则困难重重。经过笔者的实地调研与提炼，从社区治理的维度出发，农民集中居住社区居民突出的心理特点有如下几个方面。

一是吃亏心理。农民从分散居住一下子变为集中居住，不仅生活方式上极为不适应，心理上也有较大的落差。由于不是自己主动选择的生活方式，因此总是感觉自己吃亏了。这种吃亏心理不仅给前期的拆迁安置工作带来诸多难题，也影响了后期的社区治理。一个典型的表现就是不缴纳物业费。居民认为是政府造成了他们上楼，那么物业费就应当政府承担。我们对农民集中居住社区 200 名居民进行的调查的结果，就证实了这一点。当问及"集中居住后应当交物业费吗？"这一问题时，84.0%的居民选择"由于自己是非自愿拆迁，因此不应当收物业费"，仅 4.5%的居民选择"享受物业服务就应当交物业费"，11.5%的居民选择

"说不清"。（表2-1）

表2-1　农民集中居住社区居民对收取物业费的态度

选项	人数/人	占比/%
由于自己是非自愿拆迁，因此不应当收物业费	168	84.0
享受物业服务就应当交物业费	9	4.5
说不清	23	11.5

这种吃亏心理对社区治理影响非常大。因为居民一旦在治理中遇到难题，就会以"自己是非自愿拆迁吃了亏"为出发点考虑问题。

二是攀比心理。集中居住前，农民普遍存在攀比心理。集中居住后，这种攀比心理仍然存在。表现在社区治理方面，也是如此。笔者在调研中发现，以毁绿种菜为例，只要有其他居民毁绿种菜没有被处理，当事人就会抗议："为什么我被处理，他没有被处理？"车库里面住人也是如此，只要有"漏网之鱼"，其他人就会纷纷效仿。按照"破窗理论"[1]，对于明显违规行为的"零容忍"应当是农民集中居住社区面临的重要课题，否则就会形成"破窗效应"，使社区治理面临重重困难。

三是占便宜心理。小农意识深深地扎根在部分中国人的性格之中。"小农意识"的典型特征是轻公重私，对私有东西比较珍惜，但是对共有的东西不珍惜。"小农意识"的根源在于过去农村中共有的东西比较少。轻公重私的意识，造成农民的占便宜心理。表现在社区治理中，就是对公共空间的滥用。居民把私有车库出租或者自住，而把杂物放在社区公共空间之中，这样既破坏了社区的空间秩序，也造成了一定的安全隐患。

四是及时满足心理。在社区治理中，居民往往有及时满足心理。如果诉求能够及时得到解决，居民就会情绪稳定。拖的时间越长，居民越是不耐烦，甚至会出现情绪上的剧烈波动。用居民自己的话说：如果当天能够找到人解决问题，居民往往会笑呵呵；如果第二天才找到人解决问题，居民就会变得不耐烦；如果第三天才找到人解决问题，居民可能会情绪激动。这种及时满足心理提示我们，解决社区问题一定要迅速，防止问题"发酵"。

---

[1]　该理论由詹姆士·威尔逊和乔治·凯林提出。该理论认为，如果有人打坏了一个建筑物的窗户玻璃，而这扇窗户又得不到及时的维修，别人就可能受到某些暗示性的纵容去打烂更多的窗户玻璃。久而久之，这些破窗户就给人造成一种无序的感觉。在这种公众麻木不仁的氛围中，犯罪就会滋生。

第二节　农民集中居住社区人性化治理的亮点

从推进集中居住伊始，苏州就积极探索如何人性化治理农民集中居住社区，这其中出现了很多亮点。梳理这些亮点，对于进一步推动农民集中居住社区的治理，有一定的参考价值与借鉴意义。

一、居民的"筑绿园"

白洋湾街道金筑社区是一个典型的农民集中居住社区。从农民集中居住伊始，毁绿种菜问题就困扰着社区的工作人员。居民习惯了种植，对于突然间要改变生活方式很不习惯。有部分居民在社区公共草地上种菜，不仅破坏了小区的绿化，更破坏了邻里关系，易引发邻里矛盾。物业工作人员最开始采用"堵"的方法，农民一种菜，他们就把菜拔了，但是居民又会"卷土重来"。反反复复后，效果不是很好。最为重要的是，这种"堵"的做法比较"伤和气"，对社区建设无益。于是社区工作者转变策略，变"堵"为"疏"，利用社区空地与大阳台，鼓励居民进行盆栽，打造居民的"筑绿园"。迄今为止，该社区共设计了4个版本。"1.0版本"是鼓励居民进行盆栽。"2.0版本"是聘请顾问指导盆栽，当时苏州正兴起公益创投项目与社区党建为民服务项目，于是社区就盆栽进行项目申报，获得了资助。有了资金支持，社区就可以外聘专家指导盆栽。"3.0版本"是鼓励团建。有了资金的支持，进行盆栽的居民就可以外出搞"团建"，增进彼此之间的友谊，开阔视野。居民也从盆栽开始涉猎社区治理，帮助居委会做事情。"4.0版本"是把种好的菜送给社区的贫困户，使社区建设与邻里互助有机结合起来，"筑绿园"的意义得以进一步提升。

居民的"筑绿园"有一举多得的效果：一是尊重失地农民的生活习惯，体现以人为本的理念，彰显人文关怀。二是保护城市的绿化空间不被破坏，维护社区公共利益。三是用项目的形式引导居民进行盆栽，居民在这一过程中建立友谊与信任，也提高公益意识。项目结束后，很多参与者由最初的"刺头"被发展成为居民骨干与社区志愿者，这对社区的建设而言，无疑益处多多。

二、"扎堆"空间与灶台空间

苏州很多农民集中居住社区都留有大型的封闭空间，这是为照顾农民原有的生活方式而设置的。过去在农村，红白事需要邻里帮忙，需要农民扎堆搭伙，因此要求有较大的空间。集中居住后，大型的封闭空间在一定程度上弥补了这种缺憾。遇到红白事，这个空间就租给居民，满足他们聚会的需要。如果将来居民的生活方式完全城市化了，这个空间可以用来进行娱乐或者体育活动，也不浪费。还有不少社区把大型封闭空间的使用与社区建设结合起来，比如，与志愿积分结合起来。如果居民志愿服务的积分达到一定的分值，就可以免费使用空间一次。这种做法起到了很好的激励作用，提升了社区建设中的居民参与度。

有的社区在封闭空间的基础上前进了一步，建了公共灶台。原来在农村每逢红白事，农民习惯用灶台炖煮烹饪时间较长的食物，如鸡、鸭、鹅肉等。集中居住以后，家里使用天然气，不但炖煮容量小，而且居民认为天然气炖煮的味道没有用灶台炖煮的好。有部分社区考虑到居民的这一习惯，在户外建立了公共灶台。农民遇到红白事，可以向居委会提出申请使用。这一举措很好地体现了人文关怀，也受到了居民的广泛欢迎。

三、晾衣竿的故事

第一章谈及居民滥用空间晾晒衣服，导致空间的无序与混乱。为了解决这一难题，部分社区在公共空间开设了专门的晾衣区。晾衣区设置成整齐的几何图形，这样居民晾晒的衣服就显得整齐有序而不是杂乱无章的了。这样的举措，一方面照顾了居民既有的生活习惯，另一方面也兼顾了空间的美观。

四、公益集市

苏州的农民集中居住社区，往往也是流动人口比较集中的社区。流动人口较难管理，在许多社区都是棘手的问题。对于流动人口，大多数社区的策略是进行项目引导，使流动人口参与社区事务。但是在很多社区，项目引导的作用十分有限。不少流动人口对项目不感兴趣，因为他们觉得跟自己的生活无关。有的社区开动脑筋，尝试开设了公益集市，为流动人口提供细致与便利的服务，同时也调动了他们参与的积极性，一举两得。公益集市的架构如下：利用农民集中居住社区的一个大型地下空间，将其打造成一个集购物、公益等于一体的综合体。其一，大型地下空间主体是公益超市，吸引商家进驻，实行"零租金"。"零租金"政策下，商品价格比较便宜，可以吸引流动人口购物。其二，超市一直营业到晚上10点，充分考虑到流动人口（社区流动人口大多是青年）的特点（下班比较晚，夜生活比较丰富）。其三，购物区旁边是丰巢与快递集中地，这样比较符合流动人口的生活习惯，方便流动人口取快递时顺便购物。当然这也增加了与居民交往的机会，属于典型的利用空间带动社会交往。其四，公益超市周边有文化展示区、公益活动区等。文化展示区在入口处，大量文化作品都是社区居民自己创作的，很接地气，许多文化作品反映了社区文化，容易拉近居民之间的距离，也增强流动人口的融入感。公益活动区主要是为一些志愿服务活动而开设的，比如，志愿者为老年人免费理发，给儿童讲解绘本故事。公益活动区增加了人们互动与交流的机会，同时也减少了商业的"俗"气。其五，由于商家免费入驻，因此社区附带了条件，商家成为社区第一批志愿者，从而带动社区的人际交往。商家组成"商业联盟"，每周定期召开会议，帮助居委会开展社区治理，以点带面促进社区的人际交往。总体而言，公益集市通过一个小空间带动了一个大社会，不仅契合了流动人口的需要，也体现了浓浓的人文关怀，同时整合社区资源，大大提升了治理效率。

五、《动迁手册》

在农民集中居住过程中，拆迁是一个敏感的问题。为了做好拆迁工作，减少后期社区治理的隐患，很多基层政府做到政策透明、工作细致入微。比如，部分街道为了方便农民迅速了解情况，印制了《动迁手册》。部分《动迁手册》中还特别开设了"你问我答"板块，对居民比较关注的问题予以详细解答。例如，"建设定销商品房有一个过程，搬迁后，过渡问题如何解决？""定销商品房小区内是否有汽车位？""拆迁公司是不是承包的？是不是拆老百姓的房子，给老百姓的钱越少，拆迁公司得到的钱就越多？"诸如此类的热点问题，《动迁手册》都一一给予了解答。

六、"柔性时间"与"以桶换桶"的垃圾分类模式

2019年，苏州开始推进垃圾分类。习惯垃圾混合的居民，刚开始对

此非常不适应,农民集中居住社区的居民更是如此。对于部分农民集中居住社区的居民而言,尚未适应城市模式的垃圾处理,就要进一步适应垃圾分类处理,实行难度更大。苏州最早提出的垃圾分类方案是"三定一督",确定时间、确定地点、确定人,进行督查。这种方案对于纯城市社区效果尚可,但是对于农民集中居住社区,难度极大。为此,部分农民集中居住社区一方面加强宣传和引导,让居民适应垃圾分类,另一方面也提出了很多人性化的做法。比如,有的社区进行了"柔性时间"管理,开始的时候垃圾分类投放时间是早上 7 点到 9 点,晚上 6 点到 8 点。社区为了照顾居民,增设了中午投放时间(12 点到 15 点)。虽然社区工作者与物业工作人员辛苦了一些,但是的的确确方便了居民。

在某些社区,推进垃圾分类更难。因为一方面居民嫌麻烦,另一方面居民觉得自己掏腰包买分类袋,有些吃亏。为此,社区实行了"以桶换桶"的垃圾分类模式。因为大部分垃圾是厨余垃圾,所以社区专门发了两个分类桶给居民家庭,一个分类桶用于装厨余垃圾,另一个分类桶用于装其他垃圾。居民把垃圾桶装好,到指定的垃圾投放点投放,之后再拿新桶回家。这样极大地方便了居民。但是社区工作者与物业工作人员非常辛苦,他们要及时清洗垃圾桶,放厨余垃圾的桶尤其难清洗。

七、渐进式地清理空间

农民集中居住社区的空间滥用一直是一个大问题。尤其居民有着较强的小农意识,他们倾向于将公共空间据为己用,用于堆放杂物,而把私人空间出租,自己从中获利。在不少农民集中居住社区,居民把私人车库或出租给外来人口居住,或改造为小作坊,或出租给商家存放快递,但把自己家舍不得扔的东西都堆放在公共楼道或者架空层里。针对这种情况,很多社区都开展了清理工作。但是考虑到农民集中居住社区的特殊性,清理工作是渐进式的,采取逐渐加大处罚的做法,而不是一下子没收。刚开始是先清理后拍照,让居民认领,对其进行简单的批评教育,随后才开始采取惩罚措施,其中有一个较长的过渡期。社区工作者很清楚,由于农民集中居住社区居民的特殊性,如果一开始就采取没收这样简单粗暴的方法,可能会适得其反。

八、另类的车库住人

车库住人是农民集中居住社区的一大"痛点",并造成了不少安全隐患。但是在部分农民集中居住社区，存在着另类的车库住人。农民上楼后，生活非常不适应，尤其是老年人。由于推进农民集中居住时，有的多层建筑没有安装电梯，老年人不方便爬楼。因此，有关部门在大力打击车库出租行为的同时，对部分老年人网开一面。60周岁以上的本地老年人在提出申请并获得通过后，可以住在车库。但是车库门口要贴上报备公告，进行安全提醒。同时车库也不允许违规使用液化气罐等。这项措施体现了管理中刚与柔的有机结合。

九、爱心提示

在不少农民集中居住社区老年人（尤其是高龄老年人）的家里，门上都贴着两张卡。一张是爱心服务卡，卡上提示了一些生活服务的注意事项和老年人享受的福利等。另一张是安全提示卡，比如，有的卡上提示出门三件事：关煤气、关水、关电。卡片虽然很小，但透露出浓浓的人文关怀。虽然成本不高，但是社会效益极高。

十、过渡期的关怀

农民集中居住有一个从拆迁到回迁的过渡期。在这个过渡期内，苏州大致有两种安置模式。第一种模式是集体安置过渡，即有关方面专门设置安置房供农民过渡。第二种模式是个体安置过渡，就是给居民补贴，让居民自行安排住处。第二种模式给了居民一定的自由度，但是带来一个过渡期的管理问题。较长的过渡期往往造成居民的归属感减弱，同时导致居民出现困难也无人可依的局面。为了避免这种问题的发生，很多街道都积极开动脑筋，做好过渡期的关怀工作。不少街道在自由村整体动迁后，仍然保留自由村建制，以便做好相关服务管理工作，直至居民入住动迁小区为止。在部分街道，建立了《结对帮困制度》《走访联系居民》等制度，将外住居民分成若干片区，成立若干服务小组，让各小组分片包干，提供条块式管理与组团式服务。每片区设立居民骨干联络员数名，实现信息全畅通。在此基础上，开展村干部与弱势居民的结对活动，组织和号召党员、居民骨干起带头作用，主动与拆迁群众保持沟通，通过"1+1"（1帮1）、"1+X"（1帮多）的形式，帮助群众解决实际困难。

十一、"社情民意日"

"社情民意日"是苏州社会治理的一个特色项目，多个区、市（县级市）都在推进这一项目。以姑苏区为例，区政府将每个月第二个星期日定为"社情民意日"。每逢"社情民意日"，区四套班子领导全体参与，每个"社情民意日"分别奔赴一个社区开展工作。区级机关各部门班子成员每月联系社区随机安排，各街道中层以上领导干部全部参与。邀请人大代表、政协委员、物业公司、共建单位的代表参加，凝聚各方力量服务居民，参与基层治理的工作。为全面提升活动知晓率和群众参与度，通过短信、社区海报、微信等多种形式，向辖区所有居民全面推介"社情民意日"，坚持"敞开大门""来者不拒"的原则，欢迎居民随时到场参加。为了真正了解居民的需求，"社情民意日"还坚决杜绝人为安排与预设问题情况，真实了解群众的操心事、烦心事、揪心事。"社情民意日"对农民集中居住社区居民尤其重要，因为农民集中居住社区居民属于弱势群体，相比其他类型的社区居民而言，他们文化水平不高，不善于表达。"社情民意日"无疑给了他们一个表达的"窗口"，对他们维护自身权益起到关键作用。

十二、"民意直通车"

"民意直通车"为苏州首创，2011年，苏州在全国率先试点建立"民意直通车"模式，通过民情民意的搜寻采集机制、研判分流机制、办理追踪机制、答复反馈机制，将居民的意见与要求递交相关职能部门，帮助居民解决实际问题。具体而言，就是在居委会或者居民家门口设置信箱，居民将自己写的意见放入信箱，街道派人定期收集信件，先在街道汇总，然后将其反馈给有关部门，让有关部门解决。"民意直通车"措施获得了中共中央统战部"2011年度统战工作创新提名奖"。

"民意直通车"模式对农民集中居住社区而言，意义尤其重大。商品房社区可以利用先进的通信手段（热线电话、网络等），接受居民的意见、建议、求助等，满足居民的需求与解决居民的问题。但农民集中居住社区居民熟悉这些先进的手段需要一个过程，因此，"民意直通车"模式很契合他们的需要。"民意直通车"除了方便表达民意，还有一个益处，就是涉及范围小，容易了解民生共性问题，有利于政府研判居民的需求。因此，以前居民"单兵游勇"投诉得不到解决的问题，很多通过"民意直通车"得到了解决。

近些年来,苏州"民意直通车"出现了"微化"的趋势。在一些农民集中居住社区,居委会在每个小区设置信箱,居民把自己的诉求以信件的形式投入信箱,居委会定期收集。对于社区自身能够解决的问题,社区自行解决。如果不能,居委会就向街道上报,通过制度渠道依托"条线"予以解决。"民意直通车"及其微化的趋势,也充分彰显了人文关怀。

十三、"用奖励不用惩罚""做加法不做减法"的治理策略

农民集中居住社区居民具有一定的特殊性,因此,很多社区在治理中,采取"用奖励不用惩罚""做加法不做减法"的治理策略,很好地适应了居民的需求。笔者曾经调研的一个农民集中居住社区就有着较好的经验。该社区前身是个强村,目前属于农民集中居住社区。社区集体资产较多,且比较富裕,社区自己建立了剧场,时常会请外面的文艺工作者进行演出,丰富居民的生活。但是有些居民的素质比较低,经常把助威的"拍手"拿回家。按照惯例,社区完全可以采取罚款的形式制止这种行为,事实上,不少城市社区就是这么做的。但是社区管理人员考虑到居民的特殊性,并没有罚款,只是告知居民剧场里有摄像头,凡是把"拍手"拿回家的行为都可能被摄像。凡是被摄像的居民,就会被相应地扣除道德积分。每年年终社区会拿出一部分集体资产,依据居民的道德积分进行一定奖励。被扣除道德积分自然会影响年终奖励,于是居民逐渐减少了偷拿"拍手"的行为。由此我们可以看出,社区将居民的行为与道德积分奖励挂钩效果不错。居民都想得到道德积分奖励,因此,他们愿意遵守规则。如果采用惩罚的方式,可能会激起居民的逆反心理,适得其反。

第三节 如何进一步推进
农民集中居住社区的人性化治理

苏州地区人性化治理取得了很大的成就,维护了农民集中居住社区的稳定,满足了居民的需要。但应当看到人性化治理是一个永无止境的过程,"没有最好,只有更好"。因此,人性化治理一直在路上,社区需

要精益求精，不懈探索。我们要坚持不懈地在社区治理上下功夫，打造"亲情味"与"人情味"的社区，使社区处处透露出"关心人""体贴人""陶冶人"的气息，处处体现以人为本。

一、进一步满足居民需求

做好人性化治理，首先要满足居民的需求。满足居民的需求讲起来比较简单，做起来则非常不易。就苏州现有农民集中居住社区的管理而言，笔者认为以下环节非常重要。一是改进"社情民意日"的推进方式。"社情民意日"给农民集中居住社区居民开辟了绿色通道，满足了他们的诉求。但是农民集中居住社区居民不同于城市社区居民，他们不太适应"集体见面"的方式，人多时往往影响他们的表达（当然一群居民组织起来反映某一问题例外）。在这种情况下，事先做好预约，分段"一事一议"，这样的"社情民意日"可能更适合农民集中居住社区居民的表达诉求。二是改进调研方法。目前社区征集需求多采用问卷法。作为一种标准化的方法，问卷法的好处毋庸置疑，但是问卷法往往没有深入访谈法和观察法更能发挥作用，因此，如何改进调研方法，值得进一步思考。采用深入访谈法和观察法需要社区工作者花费更多的精力与时间，确保调研的深度能够得到保障，同时，这样的调研有助于促进社区社会资本的升值。三是做好调研后的反馈工作。在一些社区，工作者经常调研居民的需求，但是调研之后就没有下文了。居民开始时还能踊跃参与调研，但是由于缺乏后续的反馈，久而久之，他们参与调研的意愿也就越来越低。按照参与理论，很多居民之所以不愿意参与社区事务，并不是因为素质低，而是因为效能感差。当感觉参与无用后，参与意愿下降就是顺章成理的事情了。而有的街道与社区在这方面做得非常到位，调研居民的需求后，他们立即进行整理和分析，开启街道与社区的"民生 X 大工程"。居民马上能感受到自己参与调研的成果，踊跃参与调研也就成为一种必然的趋势。这种效能感不仅反映在居民参与需求的调研上，也体现在居民积极参与社区事务上。四是探索建立社区服务需求登记制度。在农民集中居住社区，居民可以将需求动态反映到居委会，居委会可以成为居民需求和服务供给的对接桥梁，及时反映居民的需求，协调推进社区服务项目的落实。

二、推动居民参与社区治理

对农民集中居住社区进行人性化治理，很重要的一个方面是居民参与其中。如果只是被动安排与被动接受，人性化就是个伪命题。居民是社区的主人，他们最清楚自己的需求是什么。社区治理与社区服务的对象是居民，让居民参与其中，是对居民起码的尊重。

三、加强组织建设

人性化治理离不开居民的参与，而居民的参与离不开组织建设。居民以组织的形式参与社区治理，大有裨益：一是可以群策群力，更好地发挥集体的智慧，更好地参与社区事务；二是可以切实保障自身权利，维护自身权益；三是使居民利益得以协调和平衡，这也是彰显人性化的一个重要体现。笔者曾经亲历一个社区的实践。这个社区有一个养鱼协会，养鱼协会想扩大养鱼的范围，于是准备把鱼塘周边的一些长有芦苇的生态用地也改为鱼塘；恰好该社区也有一个芦苇协会，基于保护芦苇的目的，他们反对养鱼协会的行为。经过组织之间的博弈，扩塘养鱼的行为得以制止。这就是组织建设的优势，能够有效平衡不同居民之间的利益。

为此，在农民集中居住社区，要加强组织建设。可以在社区党委的领导下，在居委会的支持下，按照社区服务、管理等领域，分别建立以居民为主的社区协商、社区养老等各类下属专业委员会，负责各专项领域的发展规划、组织培育、资源整合、协商议事等工作。专业委员会与居委会相互依托、相辅相成，共同服务好居民，治理好社区。

四、提高社区工作者的素养

社区人性化治理能否得以实施，在很大程度上取决于社区工作者的能力和素养。社区工作者应在特定场域、时间、群体中，把握好人文关怀的多重维度，契合社区服务与管理机制的要求。这对社区工作者提出了较高要求，考验社区工作者的能力与素养。

就苏州农民集中居住社区的工作者而言，在人性化治理方面还有很大提升的空间。一是对集中居住居民的文化特质敏感性不足。人性化治理要求把握文化特质，但是现有的社区工作者，无论是原有体制中的社区工作者还是新的社区工作者，对此都难以全面把握。原有体制中的社区工作者往往凭经验做事，缺乏理论指导；新的社区工作者通常理论上能够人性化治理，但缺乏实践指导。二是方法比较欠缺。无论是原有体制中的社区工作者还是新的社区工作者，他们都缺乏人性化治理方法上的技巧。三是抓手不足。人性化治理要有侧重点。在人性化的基础上，还要针对社区的情况，找准抓手，有所侧重，有针对性地推进人性化服务，但是目前这方面普遍比较薄弱。

鉴于此，需要不断通过培训提升社区工作者的素质，加强社区工作者对人性化治理方法上的学习，与时俱进，以更好地满足居民的需求。要通过制度激励，将人性化治理融入考核体系之中。应加大对人性化治理的宣传，使人性化治理成为社区工作者的常态化工作方式之一。

五、强化人性化治理的理念

人性化治理要有人性化理念的支撑，否则就是"空中楼阁"。人性化理念在社会工作中反映得较多，比如，生命优先、知情同意、案主优先等。笔者认为，归结起来，核心在于尊重人的价值。国外曾经有一个案例，一个大学图书馆，为了方便一名残疾人学习，进行了重新翻修，结果多花了很多钱，有人对此质疑。笔者认为，该举措从经济效益来说，不一定合算，但是从社会效益来说，值得肯定，因其反映了对人性的尊重，也凸显了一种以人为本的理念，这不是用金钱可以衡量的。在这种理念的指导下，社会才会真正注重人的需求的全面性，注重人际关系和谐，关爱弱势群体。

六、加强社会心理服务体系的研究

在社区治理中，社会心理服务体系的建设非常重要。党的十九大提出加强社会心理服务体系建设，把社会心理服务体系建设提升到了一个新高度。纵观我们社会治理中遇到的很多问题，归根结底，是社会心理方面出了问题。根据农民集中居住社区的实际情况，加强以下的研究工作显得十分有必要。

一是加强对农民集中居住社区心理预警的研究。我们应当通过研究，掌握农民集中居住社区居民的社会态度、社会满意度、价值取向、主要诉求、主要矛盾等，把握农民集中居住的风险点所在，摸清社会改革政策出台与实施后可能产生的社会影响及社会人群对这些政策与实施方法的接受程度，从而制定更为合适与科学的政策，最大化减少社会矛盾。

二是加强对社会心理疏导和发泄机制的研究。不同于其他类型社区，农民集中居住社区居民有一些特殊的诉求与需求。对于这些特殊的诉求与需求，社区不能采取"堵"的方式，而应采取疏导的方式。如果缺乏公开的获取信息的渠道，缺乏表达意见的机会，人们就会在心理上产生严重的被剥夺感与不公平感，这样容易引发群体事件，因此，我们要加强这方面的研究，防患于未然。对于居民的一些无理要求，也要结合历史原因，进行研究，在此基础上做好解释工作，或者为有不满情绪的群体提供不良情绪发泄的渠道，使不良情绪得以缓解。

三是加强对社区认同的研究。社区治理的前提是社区认同，只有认同自己的社区，居民才愿意参与社区事务，才愿意投入邻里交往，才愿意互帮互助，社区和谐才能得以实现。如何使居民认同自己的社区，不是一个简单的命题，而是一个大课题，涉及社会学、心理学、管理学等，值得深入研究。为此我们需要整合学科资源，投入相关的研究，之后将成果应用于实践，以增强居民的社区认同感，促进社区和谐。

四是加强对农民集中居住社区群体事件的研究。农民集中居住社区处于转型期，容易出现群体事件。加强对农民集中居住社区群体事件的研究，有助于维护社区秩序。尤其需要指出的是，在我国群体事件中，有的属于侵害群众利益造成的直接利益冲突的群体性事件，有的属于社会普遍不满情绪的宣泄造成的无直接利益冲突的群体性事件。特别是无直接利益冲突的群体性事件具有难以预测、扩散迅速、容易引起大规模混乱的特点，值得特别关注。无直接利益冲突的群体性事件大多与社会心理密切相关，根本原因在于社会矛盾的累积，以至于在一定情况下，群众因利益诉求难以得到满足而借机发泄不满的情绪。因此，加强对群体事件尤其是无直接利益冲突的群体性事件的研究，对于维护农民集中居住社区的稳定与居民关系的和谐，具有至关重要的意义。

第三章

社区协商民主

随着社区建设如火如荼地推进,近几年来,社区协商民主成为中国社区发展的有效治理手段。社区协商民主对于农民集中居住社区而言,尤其重要。目前,在各方力量的努力下,苏州农民集中居住社区协商民主有了较大突破,社区治理取得了显著成效。但仍存在诸多不足,为此要从多个方面加以改善,从而更好地发挥社区协商民主的作用,推动农民集中居住社区的治理。

第一节 社区协商民主对于农民集中居住社区的重要意义

协商民主是20世纪末在西方政治学界兴起的一种新型的居民理论,在世界范围内推广。协商民主之所以能够崛起,源于其对传统选举民主的修正:传统选举民主在选举环节具有优势,但在决策与监督环节比较薄弱。公众选举了代理人,但是参与决策与参与监督无法保障,协商民主可以保障公众在选举、决策、监督等各个环节得以有效参与;传统选举民主注重博弈结果,协商民主既注重博弈结果,也重视博弈过程,而博弈过程对于民主进程及公民的心理健康来讲,更是不可或缺的;传统选举民主注重独立性,协商民主重视互动性,而互动性更能彰显民主的本质。

社区协商民主是协商民主的一个分支,是协商民主在社区层面的"落地"。社区协商民主的概念较广,不同学者从不同视角展开了阐释。笔者认为,总体而言,社区协商民主指的是在信息公开、透明的情况下,社区不同的行为者在涉及自身利益的各项决策时,能够通过制度化的、规范的平台和渠道,依据一定的程序(座谈、辩论等),共同参与,形成共识,做出符合共同利益的合法决策。

作为一种特殊类型的社区,农民集中居住社区很多问题的解决离不开协商民主。在当前农民集中居住社区中,推进社区协商民主意义重大,有着多方面的效应,主要体现在以下几个方面。

一、社区协商民主能够解决农民集中居住社区的社会问题

农民集中居住社区目前存在诸多问题,如滥用空间、破坏环境、居民素质差、人际关系疏离、社区归属感下降等,而且问题之间有着一定的耦合性。居民素质差导致滥用空间与破坏环境,滥用空间与破坏环境又导致社区归属感下降等,形成了连锁反应。终止这种连锁反应要有一个切入口,社区协商民主就是一个很好的切入口,能够打破连锁反应的恶性循环,解决多个问题,从而形成良性循环。

二、社区协商民主能够培养农民集中居住社区居民的治理能力

农民集中居住社区治理的关键在于居民的自治能力,这恰恰是农民集中居住社区最大的短板。社区治理不仅要"授鱼"(为居民提供服务),还要"授渔"(使居民掌握自我治理与自我服务的本领)。自治能力的养成不是一蹴而就的,而是需要一个过程的。笔者认为,最好的方式就是利用社区协商民主。通过社区协商民主这一平台,居民了解社区治理的含义,积累社区治理的知识,增加社区治理的经验,从不会治理到会治理,从不愿意参与治理到愿意参与治理,从而为社区治理提供"蓄水池"与"生力军"。

三、社区协商民主能够提升农民集中居住社区的社会资本

社区治理需要社会资本的支撑,而社区协商民主这一平台能够提升社区的社会资本。一是社区协商民主的"显功能"是解决问题,"潜功能"则是情感的交流与关系的深化。这样一来,居民之间的关系逐渐从不熟悉的偏次级社会群体转向关系紧密的初级社会群体,即使达不到传统农村社会"熟人社会"的程度,但至少居民之间的关系会不断变得亲密,"共同体"意识也会慢慢养成,有利于社区的整体稳定和长久发展。另外,社区问题的解决需要居民聚在一起,共商共议,居民之间从持有

异议到折中再到达成共识，很容易形成集体情感。二是社区协商民主不仅可以使居民之间沟通顺畅，还可以使居民与基层部门领导、社区工作者、"草根"社会组织、社区骨干之间加深了解，这样社区整体的凝聚力也随之增强，社区社会资本得以不断提升。

第二节 农民集中居住社区协商民主的个案经验

在农民集中居住社区中，社区协商民主怎么推进，个案分析最有说服力。笔者全程参与白洋湾街道金筑社区"楼道空间利用"协商民主项目，深感这一项目的先进之处。以下对这一项目的介绍与分析，可为农民集中居住社区协商民主的开展，提供参考与借鉴。

一、金筑社区"楼道空间利用"协商民主项目的背景

协商民主是人民真正当家作主的重要表现，协商民主做得好，是人民民主权利得以实现的重要体现。但是很长时间以来，我国协商民主的发展主要集中在上层建筑层面。近些年来，随着社区建设的推进，尤其是党的十九大社会治理重心的下移，我国协商民主呈现出从政治协商走向社会协商、从顶层协商走向基层协商的趋势，社区协商民主的地位凸显。[1]

之所以出现这一转变，主要有两个方面的原因。一方面，我国目前社区规模较大，社区自治存在一定困难。我国城市社区的人数一般都是上万人，这个规模对社区自治极为不利，除了选举环节，其他环节都有可能蜕变为"间接民主"。近些年来，我国社区中出现不少楼道自治、微自治等，实际上就是弥补社区规模过大的缺憾。毕竟从小规模层面进行创新，针对性与可操作性更强。与楼道自治及微自治类似，社区协商民主也是弥补社区规模过大的一种举措。另一方面，党的十九大以后，我国的社会治理进入了一个新阶段，民主化、法治化、社会化、参与化等成为新的趋势。社区协商民主就是适应这一趋势的产物，是社会治理民主化、法治化、社会化、参与化等的重要支撑。

---

[1] 闵学勤.基于协商的城市治理逻辑和路径研究[J].杭州师范大学学报（社会科学版），2015（5）：131-136.

作为中国经济最为发达的城市之一，苏州在社会建设方面也下了大力气。在推进社区协商民主方面，苏州不甘落后。2018年，全市启动社区协商民主建设项目，各区、市（县级市）纷纷响应。同年，姑苏区民政局面向全区各街道与社区，启动了社区协商民主建设示范项目征集活动，重点征集"社区微更新"、社区治理营造、社区公共管理难题化解等项目，拟在全区打造一批社区协商民主示范项目，进一步推进社区协商民主制度化、规范化、程序化建设。为了推动社区协商民主，姑苏区民政局还举行了评审会，对优秀的项目择优立项，资助力度极大。这一举措极大地调动了社区的积极性。很多社区积极投入，以期争先创优。金筑社区就是如此，这一社区虽然是农民集中居住社区，但在社区治理方面一直积极创新。社区党组织与居委会积极响应号召，做了大量的前期准备工作。为了征集协商议题，社区发出了大量调查问卷，通过相关需求议题归纳和梳理出4大类43个问题，其中包含可以协商处理的有效议题10个，物业服务类问题11个，其他政府部门及"条线"类问题8个，其他无效议题（要求允许小区住宅用于婚纱等易燃货物堆放等）4个。针对可协商处理的有效议题，社区建立了"协商议题清单"（协商民主议事目录库）。

二、金筑社区"楼道空间利用"协商民主项目的选题原因

在众多的议题中，金筑社区最终选择了"楼道空间利用"作为主题，申报姑苏区社区协商民主项目。项目旨在将金筑社区5幢的架空层打造为楼栋公共空间，带动楼道治理乃至小区治理，甚至社区治理。选择这一主题，主要基于以下考虑。

1. 公共生活的回忆

金筑社区居民前身大多是城镇化进程中的农民。在"农转城"集中居住的生活模式的转变过程中，很多居民时常回忆以前农村闲适的生活状态和场景，经常出现"闲话家常无去处""农耕文化有情结"的心理诉求。居委会对辖区68户居民做了一项微调查，85%的居民认为，搬入小区后缺少了以前在村里的那股热闹劲，没有了喝茶和聊天的场所，邻里关系正慢慢变淡。他们希望社区能对楼道门厅改造，将其建成居民可以话家常的场所。

2. 公共空间的破坏

居委会通过日常走访，发现公共空间的破坏已经成为社区的大问题。

原本干净、整洁的楼道已经沦为杂物堆放处，还有居民为了方便，将电瓶车停放在楼道大厅中。此外，社区老年人为了休憩，闲聊家常，自己搬来废弃的桌椅，将其摆放在楼道进出口处，既不美观，又衍生出诸多安全问题。5幢的架空层尤其如此，不但上述问题都存在，而且楼幢与其他楼幢之间的路口处堆积了建筑废料，比如，砖块、混凝土之类的东西，楼前还有张贴社区标语留下的边边框框及建筑花坛剩下的边角料等。

3. 公共事务参与的缺失

对于农民集中居住社区而言，居民参与公共事务非常重要，但在金筑社区，居民参与存在"二维困境"。困境一是有部分农民不愿意参与公共事务。笔者曾做了非正式调研，愿意参与社区事务的居民大约只占一半。困境二是虽然有部分农民愿意参与公共事务，但不知道从何下手。按照居民的说法，在以往的农村社区，农民可以随时参与公共事务，就是在商品房社区，居民也可以随时参与公共事务，但是唯独农民集中居住社区，居民参与有点难。集中居住以后，公共事务都由政府解决，居民不知道能参与什么、怎么参与。如何让农民参与其中，是个大问题。

三、金筑社区"楼道空间利用"协商民主项目的组织架构

金筑社区"楼道空间利用"协商民主项目被推荐到区里，因为选题的合理性而获得立项。一获得立项后，社区就启动了项目。为了更好地推动社区协商民主项目，社区加强了组织建设，形成了三个组织架构：社区议事会、协商共治委员会、评议小组。社区议事会成员由社区两委成员和社区居民代表组成，社区议事会的作用是仲裁协商民主过程中未达成共识的议题。协商共治委员会成员按照5∶3∶1占比结构组成。协商共治委员会职能有三个：一是确定协商会议主题（空间设计选择、选材等）；二是制订规则；三是组织协商会议（项目实施）。评议小组由居民组成，其成员与社区议事会成员"互斥"。评议小组的职责有两个：一是监督项目实施过程，二是结案评估项目。

四、金筑社区"楼道空间利用"协商民主项目的制度建设

金筑社区"楼道空间利用"协商民主项目形成了三个议事原则。一是共识原则。保护各类人和人群的权利，包括意见占多数的人，也包括意见占少数的人，甚至是每一个人。二是辩论原则。所有决定必须经过充分且自由的辩论协商之后才能做出。三是集体的意志自由原则。在最

大程度上保护集体自身,保护和平衡集体成员的权利,然后依照个体的意愿自由行事。

在三个议事原则的基础上,金筑社区"楼道空间利用"协商民主项目形成了六条机制。一是动议机制。动议即"行动的建议",先想怎么做,再决定做不做。二是附议机制。只要有一个人附议,该议题就进入议程,从而达到保护少数人权利的目的。三是陈述议题机制。先解决当下最紧要的议题。四是辩论机制。每个人都有权利通过辩论说服其他人接受自己的想法。五是表决机制。为保护与会者发言的自由,领导最后表态。六是宣布结果机制。当场公布结果。

五、金筑社区"楼道空间利用"协商民主项目的过程

金筑社区"楼道空间利用"协商民主项目历时1年,经历了6个阶段。一是筹备组织阶段。街道、社区通过充分调研和多轮讨论,组织居民选举成立了协商共治委员会与评议小组。二是宣传动员阶段。制作了居民参与的积分卡,项目宣传用的签名墙,以及志愿者招募用的易拉宝、帆布袋等宣传品;在楼道内摆摊宣传,共招募到12名志愿者参与入户调查。通过多次开放空间会议,筛选出空间设计、功能定位、设施选材、使用规则、后期管理等多个需要协商讨论的议题,并按照时间排序,根据议题的优先级先后逐个讨论。三是功能定位阶段。通过海选、筛选、甄选,确定空间的定位。海选——由于楼道公共空间比较大(约90平方米),先利用开放空间会议技术,多个居民产生了对空间使用的需求,如下棋、打麻将、喝茶、聊天、看报、看电影等。筛选——依据大于三分之二的规则,通过议事会讨论,从中确定部分需求,剔除如打麻将等需求,最终形成观影区、阅读区、议事区、休闲区。甄选——在街道推荐及机构自荐等机制下,由共治协商委员会甄选出有资质、有诚意、有水平的设计公司,并将确定的数个需求进行具体设计。四是设计细化阶段。运用罗伯特议事规则[1],开展了4次社区民主协商会议。其中的"我的楼道我做主"现场意见征询会,结合居民的文化程度、表达能力,通过爱心贴等引导居民对广告公司的设计方案展开讨论,并就每个功能区

---

[1] 罗伯特议事规则,以亨利·罗伯特的名字命名。他在民间组织和教会中从事了多年的会议实践后,开始研究议事规则,并于1876年2月出版了《罗伯特议事规则》。该书是一本经典、全面、权威的议事规则工具书。

墙面的布局、文字、风格,家具的材质、款式、颜色等,逐一达成共识。五是施工阶段。在确认上述内容后,项目组与评议小组共同对施工的进度、质量进行监督,并继续召开协商民主会议,讨论各功能区的使用制度及后期自我管理模式。六是总结阶段。由共治协商委员会就项目开展情况回顾和小结,评议小组对项目做结项评议。街道、社区对项目实施予以提炼和总结,形成"楼道空间利用"社区协商民主的模型与机制。

六、金筑社区"楼道空间利用"协商民主项目的主要产出

项目旨在打造公共空间,经过居民的多轮协商,利用开放空间会议技术,将海选的居民的需求进行筛选,最终把约 90 平方米的楼道公共空间划分为四个区域,即观影区、阅读区、议事区、休闲区。"楼道空间利用"协商民主项目发挥了居民的智慧,把四个区域命名为四"yue"功能区:悦享厅(观影区)、阅文阁(阅读区)、月言堂(议事区)、乐活园(休闲区)。最终交由协商共治委员会认可的设计公司进行具体设计,目前已经建设到位。

悦享厅虽然只有 17 平方米,但具有多种功能,空间被布置得井井有条:墙上安装了电视机;透明橱柜里摆放着老物件,如煤油灯、老斗笠、老钟表等;一旁的墙上还贴有 20 多张老照片,分别以青春、收获、军旅、村居生活四大主题尽数展现。老照片和老物件都是社区从居民家里征集来的。老照片对于满足居民的情感而言,发挥了不可替代的作用。用一名年老居民的话讲,"你看这张照片,年纪轻轻的时候我拿着镰刀在割稻子。对于我们这些上了岁数的居民来说,最珍贵的青春记忆就是当年种田、集体劳作的场景"。

阅文阁主要满足居民阅读的需要,书籍与杂志有些来自社区党建为民服务经费,有些来自居民的捐助。阅文阁丰富了居民的业余生活。

月言堂就是居民协商议事的空间。这个空间本身就是协商的产物,今后变为居民进行协商的场所,这是一种良性循环。月言堂布置了盆栽蔬菜,从用传统的花草植物装饰楼道,提升到用盆栽蔬菜来点缀议事空间。

乐活园主要用于居民的休闲活动,解决居民"闲话家常无去处""农耕文化有情结"的情感诉求。同时乐活园还专门开辟区域种植盆栽蔬菜,作为社区"筑绿园"城市农庄基地的延伸,满足居民对农耕生活的怀念。

七、金筑社区"楼道空间利用"协商民主项目的创新点

"楼道空间利用"协商民主项目比较成功,具有独特的创新点。

一是让居民主导。我国目前社区协商民主的推动,主要依靠政府与居委会。而金筑社区在需求确定、宣传动员、能力建设、民主议事等阶段,同步开展公共空间协商共治与居民议事协商能力建设。居委会先是帮助搭建载体,到一定程度就让居民全面参与,采用社区"退居幕后"、将居民"推到幕前"的方式,还权于居民,赋权给公众,让楼道居民参与、选择、决策项目各事项。通过深化居民自治,项目力求进一步扩大协商主体、落实协商程序、解决难点问题等,积极探索社区治理与服务的创新模式。该项目结束后又衍生了新的亮点,后续观影区电费的收取成了新的协商主题,这一次完全由居民领袖吴师傅主导,居民自主协商,居委会全程不参与。

二是接地气。项目开始的时候,由于社区居民对普通话接受能力有限,表达能力欠缺,对议事议题搞不清楚等,议事会上出现了议事效率低的情况。针对这一情况,"楼道空间利用"社区协商民主项目创造性地采用了台上、台下两种语言主持的工作方法,台上以普通话、专业化术语主持,台下辅以苏州话、大白话进行解释说明,建立起一种既符合专业技术要求又经得起实操考验的社区协商民主机制。

三是彰显人文关怀。项目初期的协商都是在社区会议室进行的,但是脱离楼道,远离群众,居民参与度不高。随后,"楼道空间利用"社区协商民主项目创造性地开展了实景化与体验式的社区协商,把议事协商的场地从会议室搬到了楼道处,把社区公共空间方案转变为实景模拟。小小的场景转化,大大地降低了社区协商民主居民参与的门槛,提升了社区协商民主居民的参与度和议事协商的效率。

八、金筑社区"楼道空间利用"协商民主项目的成效

"楼道空间利用"协商民主项目成功之处在于"一石多鸟",通过项目,撬动了社区治理这个大难题。

一是满足了居民对空间多样化的需求。对于空间,有的居民有休闲娱乐的需要,有的居民有怀旧的情感需求,有的居民有学知识的需要。通过社区民主协商,居民的各种需要都尽量得到了满足。

二是增强了居民的参与意识。集中居住后,居民对社区事务的兴趣

下降，缺乏参与意识，不愿意参与社区事务。楼道空间的利用与居民的切身利益息息相关，极大地调动了居民参与社区事务的积极性，社区也积极动员居民参与。在二者的合力下，居民参与意愿大大提升。表 3-1 清晰地反映出这种变化。

表 3-1　居民参与社区事务意愿的前后对比[1]

关心程度	原频数/个	现频数/个	原百分比/%	现百分比/%
非常关心，社区事务与自身关系密切	15	21	16.13	22.58
比较关心，与自身利益相关，多少会关心一下	35	42	37.63	45.16
不太关心，大部分社区事务都与自身无关	31	19	33.33	20.43
完全不关心，社区事务是居委会的事	12	11	12.90	11.83
合计	93	93	100.00	100.00

根据笔者的采访，楼道空间改造完成过半的时候，多数居民反映良好，很多在项目还没有开展之前抱着无所谓态度的居民纷纷参与"楼道空间利用"项目，这充分说明了项目的成功之处。

三是提升了居民的参与能力。整个项目贯彻协商共治的理念。居民在参与项目的过程中，从空间设计、选材、功能定位等方面，通过协商共治，提升了自身参与社区事务的能力。项目结束后，居民自发围绕相关问题，进行"自组织"协商，就是很好的说明。观影区涉及电视的播放，电视机是用项目经费购置的，但是后续的电费如何征收，需要居民自己讨论，围绕电费的收取就成为下一个主题。现在电费的收取已经完全由居民自主组织完成，吴师傅带着居民自发协商制定了电费规则，并且得到了楼道全体居民（包括从来不看电视的居民）的认可。

四是加强了居民的公共意识。农民向市民的转变，很大程度体现在公共意识上。农民在集中居住前受小农意识影响，公共意识不足，但是农村社区社会资本雄厚，在一定程度上弥补了公共意识的不足，使社区集体行动得以维系。农村社区解体，农民集中居住后，社区社会资本的

---

[1]　引自笔者指导的 2021 届研究生毕业论文《农民集中居住社区协商民主的个案研究》。

流失，使得居民公共意识不足的"短板"被放大了，公共空间的乱堆乱放就是最好的证据。"楼道空间利用"社区协商民主项目旨在增强居民"共建共治共享"的意识。

五是挖掘了社区领袖。从农村社区转变而来的农民集中居住社区"草根"居民领袖。对此，项目组充分依托这一传统"熟人社会"的特点，挖掘出以吴师傅为主的几位"草根"居民领袖，并以他们为突破口，协助项目组开展宣传、召集、组织工作。吴师傅接受了主导后续电费协商的任务，继续推动社区协商民主进一步深化。不仅如此，他还经常为社区治理出谋划策。用好"草根"居民领袖有利于整个社区的治理。

第三节 农民集中居住社区协商民主存在的问题

"楼道空间利用"社区协商民主项目比较规范、全面，为农民集中居住社区推进社区协商民主发挥了示范作用，但是社区协商民主在苏州开展的时间并不长，仍处于探索阶段。笔者经过较为详尽的调查，认为在苏州很多农民集中居住社区，社区协商民主的开展还存在以下一些问题。

一、参与主体不合理

社区协商过程本就是不同主体之间利益的博弈过程，最终达到相互理解、各自利益诉求得以折中的结果。参与主体的多样性是基本前提，这样才能保证利益的多样化，但是笔者考察了多个农民集中居住社区协商民主案例，发现主要参与者是社区人员和相关部门人员。这些案例考虑居民诉求与利益冲突，力争发现问题、解决问题，也都有居委会、社区组织、物业公司等的加入。但是其他参与的主体较少，参与对象缺乏多样性。在对农民集中居住社区的调研中，笔者曾经接触过一个主题为"菜场建设"的社区协商民主项目。项目的起源是社区前期规划不到位，缺少菜市场，给居民的生活造成了非常大的不便。居委会与物业想通过社区协商民主，为居民建一个小型露天菜市场，为居民提供便利。这一动议的出发点无疑是好的，值得肯定。但是项目有一点缺憾，项目的一个重要议题是菜市场究竟设在哪里，这个议题应当经过居民的充分博弈。

任何事情都有两面性，菜市场地点的选择肯定会带来其他问题，比如，扰民问题，有人可能会提出反对意见。但是在选定地点的社区协商民主会议上，参与人员主要是居委会、社区组织、物业公司等，比较缺乏拟定地点的邻近居民的参与，这容易为后期的纠纷埋下了隐患。

还有一个案例，也说明了参与主体不尽合理。某一农民集中居住社区内电瓶车较多，但社区缺乏停车场地，导致电瓶车乱停现象比较严重。为此社区积极解决这方面的问题，开展了社区协商民主项目，无疑这一动议也是非常好的。但是纵观这一项目，参与主体也是不尽合理。大部分参与人员是社区人员和相关部门人员，基本上没有需要停放电动车的居民。解决乱停电瓶车问题，却没有使用电瓶车的居民的参与，也不是很符合逻辑。

另外一个值得深思的问题是，苏州农民集中居住社区中流动人口众多，社区很多议题也都涉及他们的利益。但比较遗憾的是，很多集中居住社区协商民主项目都把流动人口排斥在外，甚至在专门解决流动人口问题的社区协商民主项目中，找不到流动人口的代表和参与者。流动人口参与主体的缺失，不但不符合社区协商民主的要求，而且影响社区协商民主的效果。

二、协商议题过于简单

"楼道空间利用"社区协商民主项目成功之处在于选题的重要性，选定了社区的"痛点"问题，以公共空间为"切入点"，产生了一举多得的效果，但是很多项目不敢直击"痛点"。笔者对苏州某区农民集中居住社区部分协商民主项目的议题进行了梳理。（表3-2）

表3-2 苏州某区农民集中居住社区部分协商民主项目议题情况

主题	数量/个	占比/%
环境卫生	87	35.95
基础设施	56	23.14
社区文化	45	18.60
物业服务	33	13.64
公益事业	12	4.96
居民维权	9	3.72

从表 3-2 可见，社区协商民主中各议题比重如下：环境卫生占比 35.95%，基础设施占比 23.14%，社区文化占比 18.60%，物业服务占比 13.64%，公益事业占比 4.96%，居民维权占比 3.72%。从经验角度看，环境卫生、基础设施、社区文化基本属于"锦上添花"范畴，物业服务、公益事业、居民维权属于"雪中送炭"范畴。由此可以初步判断，目前大多数项目比较简单，属于"锦上添花"。只有少数项目比较复杂，属于"雪中送炭"。

之所以议题简单化，笔者认为原因有以下四个方面。一是"雪中送炭"的项目多涉及社区"痛点""难点""堵点"，涉及面较广，也容易得罪人，很多社区工作者并不愿意碰。用很多社区工作者的话讲，这些问题都是社区的痼疾，在开展社区协商民主之前，社区就解决不了，通过社区协商民主，也未必解决得了。二是社区事务繁杂，对于很多社区工作者而言，能完成社区常规工作已属不易，没有多余精力去解决这些痼疾。但是"上面"布置下来的任务，必须完成，于是选择简单一些的议题应付了事，也算有了交代。三是很多社区工作者的意识跟不上。有的社区工作者有解决的意愿，但是不知道抓手在哪，开展社区协商民主无从下手。还有一部分社区工作者认为在社区协商民主上下功夫，需要自己额外的付出。实际上，笔者认为，社区协商民主不是额外的付出，如果仅仅由居委会单独开展社区协商民主，确实是额外的付出。但是如果居委会能够整合资源，吸引居民参与，培养更多的社区领袖与居民骨干，那么在今后的社区治理中，就会拥有更多的资源，实际上会大大减轻居委会的负担。这是一个短期利益与长远利益的关系，需要辩证对待。

三、协商过程随意

很多社区协商民主过程比较简单与随意，程序不合理。笔者曾经参加过一次社区协商民主的协商会议，发现程序上有诸多不合理之处。会议从开始到结束，都没有主持人，导致时间和流程都没人把控。由于议题是关乎社区居民切实生活的问题，居民都非常关注，居民发表意见也都很积极，但是一部分人发言时间过长，导致其他人插不上嘴。还有由于意见不统一，居民代表你一句我一句，各说各的理，整个流程比较混乱，很多时间都被浪费在了毫无商议价值的问题上面。明明主题关注的是楼道空间的改造问题，最终话题却演变成了垃圾投放等问题，明显跑题，议事效率非常低。

四、协商意识欠缺

社区协商民主要想实现可持续发展，民主协商意识是关键。但是据笔者调研发现，无论是居民还是社区工作者，大家的协商民主意识都比较薄弱。一方面，大多数居民都不知道什么是协商民主，也不知道协商民主与传统民主有什么区别。笔者曾随机访谈过几十个居民，他们都不清楚协商民主是什么。笔者曾经询问居民什么是"罗布特议事"，很多居民一头雾水，有的居民甚至闹出"萝卜头议事"的笑话。另一方面，社区工作者也是如此。很多社区工作者本身对协商民主也缺乏合理的认知。不少社区工作者想当然地认为有了问题，找几个居民协商一下就可以了，最后的决定权还是掌握在自己手里，其实这是典型的行政化意识。另外，很多社区工作者对于社区协商民主的流程是怎样的，过程需要注意什么，协商规范有哪些，过程技巧有哪些，作为工作者如何让居民更好地接纳自己，如何迅速地找到社区存在的主要问题，如何找到社区的关键人物并取得对方的信任等，都缺乏清晰的思路。

民主协商意识的缺乏，在很大程度上与宣传工作不到位有关。一方面，部分农民集中居住社区根本没有进行宣传，导致居民无从了解社区协商民主。另一方面，很多社区虽然有宣传，但往往是以文本的形式进行宣传，不直观，也不简洁，这种不接地气的做法难以激发居民参与社区工作的兴趣。

五、制度缺失

社区协商民主需要制度的保障。"没有规矩，不成方圆。"制度是社区治理的基础，也是社区协商民主的基础。金筑社区有着明晰的制度，这是其成功的基础。但目前大多数社区协商民主都缺乏制度的保障，这在一定程度上易造成一些不良后果。其一，会引发一些纠纷。有的居民没有参与到协商的过程中，之后对协商结果不予认同。事后倒追整个程序，发现社区协商民主的代表选择这一环节并没有给予明晰的说法，因此产生了纠纷。其二，会影响社区协商民主的进一步发展。社区协商民主的长远发展，最终还是要靠居民的"自组织"。因此，在现阶段，社区工作者除了要带动居民民主协商外，还要制定明晰的制度。制度制定好，就可以引领居民"自组织"协商。显然，就目前大多数社区的制度建设状况而言，还难以带动居民后续"自组织"协商。

六、成本高昂

社区协商民主实现可持续发展，除了增强居民的协商意识外，还要降低协商成本。目前，苏州为推进社区协商民主出台了很多项目。正是由于姑苏区的投入，金筑社区的协商民主项目才得以立项。除了项目，还有的区与街道搞协商民主比赛，以赛代练。这些投入不仅激励了社区工作者，也激励了居民，取得了良好的效果。笔者认为，在社区协商民主"破冰"阶段，这种投入是必要的，效果也是立竿见影的。但是社区协商民主最终的理想状态是常态化，"凡社区必民主，凡民主必协商""使社区协商民主成为一种生活方式"。这意味着低成本或者零成本。苏州的社区协商民主已经推行了一段时间，目前关于成本问题的解决，尚未提上日程，但是随着社区协商民主的进一步深入，成本问题必须要加以考虑。

第四节 如何进一步推动农民集中居住社区协商民主

鉴于农民集中居住社区协商民主中存在的问题，笔者建议从以下方面着手解决。

一、加强宣传动员

鉴于居民及社区工作者协商意识比较薄弱的状况，建议加强宣传动员。要充分利用现代科学技术，加强宣传，把党员、居民骨干、居民代表等集中起来进行培训。除了在线下开展集体会议外，社区可以建立若干骨干交流群，线上和线下同时培训。在对党员、居民骨干等进行培训的基础上，利用社区人际网络，以滚雪球的方式向普通居民宣传。另外，社区能人等有一定的影响力，社区要充分发挥他们的作用，使之成为理论引导实践的践行者与推崇者。当然，为了让居民掌握协商民主的精髓，建议采取简单易懂、图文并茂的形式，比如，用通俗有趣的方式宣传与阐释"罗伯特议事"等，便于居民理解、掌握。

二、提升协商民主质量

社区协商民主的精髓在于三个维度。一是谁协商。主体最少两个人，理论上包括社区全体人员。一般情况下，采取代表制。二是协商什么。社区中任何事务都可以成为协商的主题。三是怎么协商。可以采取谈判、讨论等多种形式。协商民主也不排斥传统民主，在很多场合中，经过辩论与讨论等，居民进行投票，就是传统民主与协商民主的有机结合。社区协商民主在这三个维度框架下，产生了多种组合。因此，提升社区协商民主的质量，需要围绕这三个维度下功夫。

其一，围绕谁协商下功夫。当前在苏州，政府与居委会主要推行的是"大尺度"层面的社区协商民主，即全社区层面的协商民主，"小尺度"层面的社区协商民主开展力度偏小。之所以热衷"大尺度"层面社区协商民主，是因为政府与居委会希望尽快使协商民主深入人心，同时解决社区的共性问题。

但是，"小尺度"层面的社区协商民主在社区治理中不可或缺。美国学者罗伯特·达尔对"小尺度"层面的社区协商民主的价值做了很好的诠释，他认为，民主的单位越小，公民参与的可能性越大，公民把政府决策权力移交给代表的必要性就越小；而单位越大，处理各种事务的能力就越强，公民把决策权力交给代表的必要性也就越大。[1] 当然也有做得比较好的社区，在"小尺度"层面社区协商民主也有所建树。比如，部分农民集中居住社区设置协商议事厅，请社区能人和退休社区干部处理社区纠纷事宜，这方面的经验值得推广。

其二，围绕协商什么下功夫。社区协商民主的重要性在于其具有"一石多鸟"的功能。但是能否达到"一石多鸟"的目的，还要看议题的选择。不能仅仅局限于"表象议题"，仅仅满足于"锦上添花"。要具有"破"的精神，直击社区"痛点""难点""堵点"，这样才能取得理想的效果。

其三，围绕怎么协商下功夫。这是社区协商民主误区最多的一个方面。怎么协商是手段，围绕议题服务的形式可以多样。必要时可以采取辩论甚至吵架的形式。用一位社区工作者的话说，"吵"其实是件好事，说明真正重视问题了，也真正想协商，不吵或一团和气反倒没有协商的

---

[1] 罗伯特·A.达尔.论民主[M].李风华，译.北京：中国人民大学出版社，2012.

味道了。话虽偏激，其实不无道理。

三、加强制度建设

社区协商民主的关键在于制度建设。笔者认为一方面是具体制度，另一方面是宏观制度。具体制度是社区协商民主的操作规则。这其中包括三个层次。第一个层次是平台方面的制度。不同的事宜，对应不同的社区协商平台。整个社区的事宜，用什么平台？涉及部分人群的事宜，用什么平台？平台有什么操作规则？等等。这些都必须加以明晰。另外，还要明晰不同平台的转换。如果一个平台解决不了问题，什么情况下要转换到更高层次的平台？怎么转换？这些都必须一一细化。第二个层次是流程方面的制度。社区协商民主包括哪些环节？每一个环节都需要什么样的技术作为支撑？这些也需要明晰。不同的情形要制定不同的流程，比如，有的社区协商民主包括以下流程：主持人选取—参会人员的抽取—信息公开—大会抽签发言—问卷调查—现场发布结果。第三个层次是细则方面的制度。再以上面的社区协商民主流程为例，在"主持人选取—参会人员的抽取—信息公开—大会抽签发言—问卷调查—现场发布结果"流程中，每一环节都需要明晰的制度细则。在主持人选取环节，要明确主持人是内部选取还是外聘，主持人需要具备哪些条件，等等。在参会人员的抽取环节，要明确按照什么方法抽取，怎么才能让非参与人员认同等。在信息公开环节，要明确公开哪些信息等。在大会抽签发言环节，要明确按照什么规则抽取发言人，发言人发言时长，等等。在问卷调查环节，要明确大会发言结束后，隔多久进行问卷调查，问卷调查调查什么，等等。在现场发布结果环节，要明确通过的规则等。制度一定要明晰化，才能真正有操作性。在制度明晰化的前提下，还要进一步彰显人性化。比如，协商代表的选取方面，可以根据不同议题的特点，有针对性地选取不同居民；也可以根据居民的闲暇时间，弹性地设置协商时间；当然也可以利用网络，进行在线协商；等等。制度的明晰化与人性化相结合，这样的协商才能接地气，才能彰显社区特色。

宏观制度主要是指政社之间切实分离，保障社区真正自治方面的制度。长期以来，我国基层自治组织居委会名义上是自治单位，但是很多情况下成为政府的一级派驻机构，自治不足。在这种情况下，社区协商民主很难真正健康发展。社区协商民主的初衷是居民自主处理社区内部事务，如果缺乏真正意义上的社区自治，由政府强势主导与介入，居民的协商就会被大大掣肘，自主性难以保障，初衷就很难真正实现。因此，必须真正落实政社分离方面的制度，从制度上缕析居委会自身应当干什么，应当协助政府干什么，遇到不该干的事务应当怎么处理。通过相关制度，使居委会真正发挥作用，从而带领居民践行社区协商民主，共创美好家园。

在推进社区协商民主制度的建设时，我们还要注重与原有制度的衔接。我国社区协商民主不是另起炉灶，而是社区自治的延伸、完善与补充。不遵循这一前提，社区协商民主的开展就会效率低下。事实上，在我国社区协商民主的推进过程中，很多地方成立了名目繁多的机构，不但没有锦上添花，反倒造成混乱与低效，根源就在于此。

四、丰富协商形式

针对目前推进社区协商民主成本高的问题，笔者认为，应当丰富社区协商民主形式，使协商民主深入居民的生活。一是把社区协商民主与党建结合起来，开辟党员微阵地协商民主。比如，找居民楼的闲置空地，把其改造成党群议事、文化宣传、休闲娱乐等场所。把社区协商民主融入其他活动之中，可以实现社区协商民主的低成本。二是实施分层次的协商。因地制宜，因时制宜，可以大大降低成本。整个社区实行"代表制"的协商民主，楼层及邻里实行"全体制"的协商民主。三是采取线上与线下结合的方式。不重要的议题线上进行，重要的议题线下进行；阶段性的议题线上进行，结论性的议题线下进行；参与人熟悉的议题线上进行，参与人不熟悉的议题线下进行；等等。

五、提高居民参与的积极性与协商能力

在社区协商民主中，提高居民参与的积极性与协商能力非常重要。那么，如何通过引导，提高农民集中居住社区居民的参与度与协商能力呢？笔者认为，当前可以通过宣传引导、项目引导、示范引导等方式，逐步破冰，提高集中居住社区居民的参与积极性与协商能力。其一，宣传引导。我们要加大对社区协商民主的宣传，调动居民参与的积极性。其二，项目引导。项目引导是吸引居民参与和提高协商能力的有效手段，在很多国家得到了验证。通常是根据社区需求与社区存在的问题，政府予以立项与资助，社会组织带领居民执行项目。项目往往起到三方面的作用。一是实现绩效目标，满足居民需求与解决社区问题。二是吸引居

民参与和提升协商能力,居民通过项目得到锻炼,逐渐懂得协商与会协商。三是拓展社会资本。在参与项目的过程中,居民之间增进了信任,拓展了人际关系,社区社会资本得到了增值,而社区社会资本增值又提高了协商民主的质量。我国目前社区建设正如火如荼地展开,在一些经济发达的地区,各种公益创投与政府资助项目层出不穷。其三,示范引导。居民愿不愿意参与协商,一方面取决于利益,另一方面取决于效能感。如果居民感到自己的参与无效,那么就会不愿意参与。在这种情况下,政府与居委会应示范引导,通过有效案例,让居民看到实实在在的效果,进而调动居民参与的积极性,积极投入实践之中。其四,"雪球"引导。从实践看,社区协商民主最早"激活"的往往是社区的志愿者与热心者。但是不能总是停留在这部分人身上,那样社区协商民主就会裹足不前。社区可以利用这部分人拉动周边人,"滚雪球"式发展,就会大大提高居民的参与率。其五,组织引导。社会组织参与能够产生互动效应与群集效应,效果更佳。因此,我们需要大力发展社区社会组织,尤其是"草根"社会组织,利用这些组织,不断推动居民参与,提升居民的协商能力。

六、加强社区社会资本

社区是适合协商民主的场域,但是协商民主能够真正在社区得以运行,还取决于社会资本(社会网络、规范、信任等)。缺乏社会资本,社区不能成为真正意义上的社区,同样也难以有效推进协商民主。社会资本能够起到"润滑剂""黏合剂""强化剂"的作用,是社区协商民主的基础。

其一,社会资本能够起到"润滑剂"作用。协商民主注重沟通,而社会资本有利于人际沟通,尤其信任与社会网络对人际沟通是至关重要的;协商民主包括沟通、磨合、协调、整合等一系列过程,信任与互惠能够大大降低这一过程的成本;利益冲突是社区中的常态,在利益冲突中嵌入信任与网络,能够平衡个体理性与集体理性,使居民之间达成共识,并且信任与社会网络能够促进沟通,而沟通有利于化解利益冲突。

其二,社会资本能够起到"黏合剂"作用。协商民主本质上是一种合作,而合作离不开社会资本。按照霍曼斯的小型群体理论,群体越小,人们之间的互动就越多;互动越多,人们之间的情感(信任与互惠)就越密切;人们之间情感(信任与互惠)越密切,就越有可能合作。呈现互动越多—人们之间情感越密切—越可能合作的逻辑。[1] 社区就属于小型群体，社会资本有助于人们之间的合作。

其三，社会资本能够起到"强化剂"作用。社会资本（尤其是信任与社会网络）有助于居民衍生共同体意识，而共同体意识对社区协商民主不可或缺。美国政治学家米格代尔认为，共享社区的情感为共同协商做出决定提供了天然的条件[2]，就是对社会资本"强化剂"作用的肯定。

关于社会资本是社区协商民主的基础这一命题，学界也进行了大量的研究。一些学者认为，社区协商民主的发生有两个条件。一是共同体。协商民主需要一个真实的共同体作为基础。二是基于利益协商之下的道义。缺乏共同体的基础及道义的支撑，无论哪一类协商民主，都难以有效地运行，也难以有可持续性。共同体的基础及道义的支撑，就是社会资本的应有之义，可见社会资本的重要性。

我国社区发展的实践也在一定程度上证实了社会资本是社区协商民主的基础所在。一个例证是我国的社区协商民主创新案例多发生在农村社区，因为农村社区的一个共同特点就是"熟人社会"，社区有着丰厚的社会资本。另外一个例证是村民小组对承包土地的协商。我国联产承包后，人口的变化对土地使用带来了挑战。很多村民小组依靠协商解决土地的再分配，腾出更多的土地分配给那些因生子或结婚而人口增加的家庭，那些因有人去世或者女儿出嫁而人口减少的家庭就会失去部分土地。其背后依靠的是"熟人社会"与"道义经济"。"熟人社会"是村民能够坐在一起协商的基础，"道义经济"是村民默认或产生共识的一些经济道德秩序。如果没有"道义经济"，那些暂时利益受损的村民是不会心甘情愿的。而"道义经济"告诉他们，这一次他们是吃亏者，下一次他们可能就是获利者。

因此，我们要积极孵化社会资本，推动农民集中居住社区协商民主建设。那么如何孵化社会资本呢？通常有以下几种手段。一是兴趣孵化。以兴趣为抓手，促进居民互动与交往，集聚社会资本。二是制度孵化。美国著名学者普特南在论述意大利社会经济时，认为制度与社会资本有

---

[1] 宋林飞. 西方社会学理论 [M]. 南京：南京大学出版社，1997.
[2] 米格代尔. 农民、政治与革命：第三世界政治与社会变革的压力 [M]. 李玉琪，袁宁，译. 北京：中央编译出版社，1996.

着密切的关系,二者是相互促进的。意大利北部地区网络发达、社会资本雄厚,公民积极参加公共活动,形成了民主的体制与制度,这种民主的体制与制度又推动了社会网络的发展。而南部地区则陷入了相反的循环。由此可见,结构化的制度平台,可以推动人格化的互动与交往。三是空间孵化。通过创造公共空间与交往空间,吸引居民互动与交往,从而衍生社会资本。这是国外孵化社区社会资本的常用手段。四是组织孵化。组织是社会资本的载体,同时也是社会资本的手段。在社区内推动各类组织建设,对于培养居民之间的信任感等,也是大有裨益的。当然,我们也应看到协商民主与社会资本之间不是单向的,而是双向的,二者是相辅相成、相互促进的。社会资本可以推动社区协商民主,同时社区协商民主也可以孵化社会资本。在协商的过程中,居民之间培养信任感,加强互惠及拓展网络,社会资本得以增值。

第四章

"草根"社会组织参与治理

社区治理非常复杂,必须发挥多主体的作用,实现多元参与。与其他类型的社区相比,农民集中居住社区资源更为匮乏,问题更多,多元参与的迫切程度更为强烈。在多元参与中,"草根"社会组织是重要的主体之一,作用不可或缺。本章主要探讨"草根"社会组织对于农民集中居住社区的意义及如何更好地发挥"草根"社会组织的作用等。

第一节 "草根"社会组织对于农民集中居住社区治理的重要意义

"草根"社会组织是社区的本土组织,具有很多优势,其中有部分优势是其他主体所不能替代的。因此,在农民集中居住社区的治理中,"草根"社会组织能够发挥重要作用。

一、"草根"社会组织是社区治理体系中不可或缺的一环

社区治理是一个体系工程,需要多元参与。通常情况下,在社区治理中,有多个主体。一是社区党组织。社区党组织作为党在社区的分支机构,指导其他主体开展社区治理工作,起到核心与枢纽作用。二是居委会。作为基层群众性自治组织,居委会的主要功能是办理本社区居民的公共事务和公益事业,比如,环境卫生、治安等。三是社区工作站。社区工作站主要承接政府"条线"上的业务,如社会劳动保障、就业等。四是物业。物业主要以市场化为手段,为社区居民提供环境卫生、保安、设施维修等服务。五是业主委员会。业主委员会由业主选举出的

业主代表组成，通过执行业主大会的决定，代表业主的利益，向社会各方反映业主的意愿和要求，并监督和协助物业服务企业或其他管理人履行物业服务合同。六是政府。虽然社区是自治单位，但是公共服务要靠政府提供。另外，社区自治是党和政府领导下的自治，因此，社区治理体系离不开政府。七是专业社会组织。近些年来，随着社会的发展，政府引进专业社会组织入驻社区，为居民提供"高端"服务，比如，心理健康服务等，这些服务是现有居委会、社区工作站等提供不了的。自2011年以来，苏州就通过公益创投项目、社区党建为民服务项目、社区服务社会化项目及最近开展的社会工作站等，引进专业社会组织，为社区居民服务，这大大增加了居民的福利，解决了很多社区问题。八是"草根"社会组织。"草根"社会组织是指那些符合国家法律、政策规定的，由居民自愿成立，活跃于本社区的社会组织。"草根"社会组织根植于社区，成长于社区，主要具备三个特点。一是自发性。"草根"社会组织是居民自发成立的。二是本土性。"草根"社会组织产生于本社区，活动于本社区，扎根于本土，深耕于本土。三是自治性。"草根"社会组织体现社区共同体思想，契合居民自身需求，是居民自我组织与自我管理的平台。

  作为一个体系，在社区治理中，每一个主体都有自身的特点，从而形成一个有机整体。政府的特点在于其权威性，其在政策、设施规划等方面的作用不可替代。当然政府的很多政策性与指导性工作要依靠社区党组织完成，政府"条线"上的业务则依靠社区工作站完成，这些都彰显了政府在社区的主体地位。居委会引导居民全面进行自我组织与自我治理。物业主要围绕房产，在设施、环境卫生等硬件方面及一些常规服务方面发挥重要作用。业主委员会则致力于维护全体业主和非业主的合法权益。专业社会组织落地社区，为居民提供各种专业性服务，而"草根"社会组织则是在居委会的领导下，开展具体的自我组织与自我治理，它在满足居民需求、提供互助服务等方面的作用也是不可替代的。

  综上所述，在社区治理体系中，"草根"社会组织是社区治理体系中不可或缺的一环。尤其在农民集中居住社区中，"草根"社会组织的作用更加突出。农民集中居住社区需要经历一个较长的过渡期，多元服务体系仍比较孱弱，"草根"社会组织可以有效改善这种状况。（表4-1）

表 4-1 社区多元主体及其作用

主体	作用
社区党组织	指导其他主体开展社区治理工作
居委会	成为社区自我组织与自我管理的核心者与引领者
社区工作站	承接政府"条线"上的业务
物业	主要以市场化为手段为社区居民提供环境卫生、保安、设施维修等服务
业主委员会	维护全体业主和非业主的合法权益
政府	为社区提供公共服务
专业社会组织	提供各种专业性服务
"草根"社会组织	在居委会的领导下，开展具体的自我组织与自我治理

二、"草根"社会组织具有服务的本土化优势

"草根"社会组织不仅是社区治理中不可或缺的一环，在服务上还具有独特的本土优势，服务更契合居民的需求。相比其他主体而言，"草根"社会组织最接地气、最具本土性。"草根"社会组织是由本社区居民构成的，居民生于斯，长于斯，深谙当地居民的需求是什么；"草根"社会组织更懂得用何种方式满足居民的需求，有着方式和方法上的先天优势；"草根"社会组织更注重服务的精细化，"草根"社会组织"源于生活，长于生活"，是其他主体所不可替代的。另外，大多数"草根"社会组织致力于某一领域的服务，容易把服务工作做精做细。因此，从理论上讲，"草根"社会组织是社区治理的最佳选择。

"草根"社会组织还具有很多本土智慧，这种本土智慧在社区治理中是其他主体所无法提供的。例如，在不少农民集中居住社区中，活跃着一些做特殊糕点的组织，这些组织具有本土智慧。以制作小青团的组织为例，该组织具有独特的小青团制作工艺，在保护民俗与满足居民饮食需求以及增强社区居民归属感等方面也发挥了重要作用。这些本土智慧是一笔宝贵的财富，对农民集中居住社区的建设意义深远。

社区一些独特的问题必须由"草根"社会组织予以解决，这是由社区的特点决定的。社区是个小社会，小社会的问题，用大社会的思维解决往往效果欠佳。"清官难断家务事"，与之类似，"政府难断社区事"。我国历史上有着"乡绅治村"的历史，党的十九大提出法治与德治相结

合的治理思路，也正是基于社区小社会的独特性。具体到农民集中居住社区，很多问题依靠外力难以解决，交由"草根"社会组织解决最为合适。比如，某些社区的纠纷，涉及历史等诸多因素，很多"草根"社会组织依托人际关系，依托乡土社会的一些"土办法"，能够很好地处理社区的各类纠纷。

三、"草根"社会组织可以弥补居委会的不足

在社区自我组织与自我服务方面，居委会面临诸多困难。其一，目前城市社区的规模普遍较大，一半的社区在万人以上，而通常居委会只有10人左右，因此开展工作时捉襟见肘，难以满足居民需求。其二，随着社会转型的推进，社区呈现主体多样化、利益多元化及需求复杂化的趋势，在这种情况下，居委会更是力不从心。其三，尽管实现了一定程度的减负，但是近年来，居委会承担部分政府事务，具有一定的行政化特征，投入自治的精力就会大大减少。而各类"草根"社会组织没有政府政务压力，能有效协助居委会，为居民做好服务工作。另外，作为引领性与综合性的自治组织，居委会涉及多个领域，而"草根"社会组织往往只涉及一个领域，因此，在服务精细化方面，居委会远远不如"草根"社会组织。

农民集中居住社区处于过渡状态，与其他类型社区相比，居委会的工作压力要大得多。这时"草根"社会组织可以协助居委会，为居民提供服务。事实上，"草根"社会组织的发展历程也证实了这一点。近些年来，在居委会的引领下，大量"草根"社会组织在农民集中居住社区产生并蓬勃发展，服务的内容涉及养老、助残、娱乐、家电维修等方方面面，满足了居民的需要，也成了居委会的好帮手。而且随着居民需求的拓展，"草根"社会组织也向更纵深的领域发展。甚至在部分社区中，还出现了"母乳喂养育儿会"。"母乳喂养育儿会"由一群育儿的母亲组成，最初只是成员之间围绕母乳喂养这个话题交流经验，促进育儿健康。成立了团体之后，成员的行为明显外溢，她们把即将做母亲的孕妇，甚至把有生育计划的女性也拉入了团体，共同交流经验。

四、"草根"社会组织从事治理的成本低

"草根"社会组织参与社区治理，最为明显的一个特征是成本比较低，有时甚至是零成本。以社区公共资源的使用为例，由于居民之间的

互动较为频繁，彼此在一定意义上实现了互相监督，因此，违规现象容易被发现，监督成本较低。在《公共事务的治理之道》一书中，奥斯特罗姆曾引用过这样的案例：在旱年取水，社区每户居民分配一定量的水，当一个人在取水时，下一个人就在他后面排队，如果多取水，马上就会被发现，这是一种"顺便的"监督，几乎不需要额外的成本。[1] 在农民集中居住社区中，这样的案例比比皆是。比如，在部分社区中，由"草根"社会组织看护社区的车库，效果就非常好。"草根"社会组织对社区居民比较熟悉，一看到陌生人，立即就能辨认出来，甄别成本很低。另外，"草根"社会组织把看护车库与生活结合起来，成员跳完广场舞休息时，顺便把车库也看护了，这是一种"顺便的"监督。

五、"草根"社会组织从事治理可以增值社区社会资本

"草根"社会组织参与社区治理，可以增强居民之间的互助性，彰显"人人为我、我为人人"的宗旨，增值社区社会资本，这一点是其他主体所不可比拟的。比如，近些年来在社区出现的"互助养老组织"，就是最好的例证。所谓"互助养老组织"，就是一群老年人搭伙，彼此相互照应。当一个老年人身体状况欠佳时，其他老年人可以照顾他，而当他身体状况较好时，可以照顾其他老年人，这样可以实现互补，提高效率。虽然"互助养老组织"在我国有着不同的模式，但是以社区为载体是比较具有生命力的，"互助养老组织"与社区有着天然的亲和力。从经济意义看，在社区开展可以省去很多距离成本，对老年人来讲，比较现实。从社会意义看，一方面，"互助养老组织"需要一定的前期关系基础，社区居民的关系基础要远远胜于陌生人。另一方面，"互助养老组织"也会更进一步推动社区人际关系的发展。每位老年人既是被照顾者，又是服务提供者，老年人在相互照顾中衍生了社会资本。另外，老年人抱团取暖，又会给整个社区带来活力，由此"互助养老组织"带动了整个社区的建设。农民集中居住社区前身是农村社区，村民之间的合作无处不在。集中居住后，发展"互助养老组织"也是潜力巨大。"互助养老组织"可以将"碎片化"的社区社会资本进行整合，对社区治理大有裨益。近些年来在社区（包括农民集中居住社区）中出现的糖尿病

---

[1] 埃利诺·奥斯特罗姆. 公共事物的治理之道：集体行动制度的演进 [M]. 余逊达，陈旭东，译. 上海：上海三联书店，2000.

互助小组，就是一个很好的案例。社区里的"糖友""自组织"彼此交流经验，大大节省了治疗成本。彼此相互鼓励，相互帮助，抱团取暖，不仅有利于"糖友"身体的康复，对于社区而言，则形成了团结互助的氛围。

六、"草根"社会组织从事治理的人文关怀强

在满足居民需求方面，"草根"社会组织具有较强的人文关怀性。其一，"草根"社会组织更贴近被服务对象的生活。治理体系的一个普遍规律是层级越高，接触的越是抽象的人（有时甚至是数字）；层级越低，接触的越是具体的人。因此，层级越低，人文关怀性往往越强。"草根"社会组织作为底层组织，长期和社区居民打交道，更容易展现出浓厚的人文关怀。其二，"草根"社会组织与被服务对象之间有着特定的情感。以养老领域为例，目前社区中存在较多的组织，比如，提供居家养老服务的专业社会组织、经营日间照料中心的养老服务企业、业务中带有养老部分的社区物业、从事养老服务的"草根"社会组织等。在这些组织中，"草根"社会组织无疑最具人文关怀性。据笔者的调研，同样为老年人测血压和血糖，其他组织往往更多关注老年人的指标，"草根"社会组织除了关心指标，还关注老年人的心理健康。之所以如此，主要源自"草根"社会组织的成员与被服务对象的地缘（甚至其中还有一定的业缘）关系，基于此类关系产生的情感，是其他组织所不具备的。

七、"草根"社会组织从事治理顺应社区文脉

农民集中居住社区有着一定的特殊性。集中居住前，居民的很多需求就是依靠社区的"自组织"予以解决的，居民自我满足的程度较高。集中居住后，尽管多元服务能够一定程度上满足居民的需求，但是居民的心理有一定的惯性，比较认同和依赖"自组织"服务。在这种情况下，依托"草根"社会组织，以"自组织"的方式满足居民需求，就显得非常有必要。既能更好地服务居民，也顺应了社区文脉。前文所列的小青团制作组织就是很好的诠释。集中居住的居民前身是农民，对小青团有着特殊的偏好，小青团成为他们生活中不可或缺的一部分。近些年来，虽然小青团已经实现了市场化生产，但是居民并不认可，他们还是坚守自己原汁原味自制小青团。在这种情况下，小青团制作组织不仅担负提供食品的责任，还被赋予传承社区文脉的使命。

第二节 "草根"社会组织参与农民集中居住社区治理的实践

在农民集中居住社区中,"草根"社会组织在社区治理中发挥了重要作用,提供了大量社区服务,维护了社区秩序,丰富了社区居民的文化生活,维护了居民权益。笔者通过在苏州的实地调研,挖掘了相关案例。

一、提供社区服务

在农民集中居住社区,"草根"社会组织的最大贡献就是"自组织"服务。在助老助残、外来人口教育等方面,"草根"社会组织为包括其成员在内的社区居民提供了大量的服务,有效促进了社区的和谐发展。

案例1:"社区养老一家亲"

"社区养老一家亲"是一个农民集中居住社区的"草根"社会组织,组织成员由社区各个年龄段的志愿者组成,其中还有部分低龄老年人。这个组织主要通过志愿者"一对一"或者"多对一"形式,结对20位社区高龄独居老人,每天通过上门走访慰问、电话问候等方式与老人进行沟通,还为老人代缴水电费、购买生活物资等,让高龄独居老人老有所依。

案例2:"小候鸟俱乐部"

苏州有着大量的流动人口,其中包括流动人口子女。帮助流动人口融入城市,提升他们的社会化能力,是确保城市社会和谐的重要环节,尤其从娃娃抓起,促进流动人口子女融入城市,意义更为深远。在某一农民集中居住社区中,"草根"社会组织推出"小候鸟俱乐部"品牌,帮助流动人口子女融入城市。他们申请社区党建为民服务项目,借助资金和平台,为父母来苏务工的"小候鸟"们私人定制了一个体验式夏令营,帮助外来务工人员子女实现假日夏令营梦想。

每年"小候鸟俱乐部"免费为若干名"小候鸟"举办为期7~10天的体验式夏令营。活动得到社区居委会、辖区单位、志愿者的广泛支持。社会居委会与辖区单位为夏令营提供场地等资源。志愿者（主要是大学生）为活动提供全方位服务。志愿者为"小候鸟"培训才艺；辅导他们做功课；开展小组活动，培养他们的人际交往能力与生活自理能力；教授一些简单的苏州话……全天候的活动安排，使孩子们的基本生活技能得到了有效的锻炼，团队合作等方面的能力也明显得到了提升。

案例3：社区助残小组

部分农民集中居住社区残疾人较多，如何助残成为社区关注的重要课题之一。某社区的居民自发组织起来，成立社区助残小组，宗旨是结合生活，介入残疾人的方方面面，为残疾人提供力所能及的帮助。社区助残小组为辖区残疾人提供了全方位的服务，帮助残疾人解决生活中的问题，尤其为年长的残疾人提供购物、维修等生活上的帮助；同时教授轻度残疾人一些手工技能及谋生技能；另外，社区牵头成立了残疾人互助小组，鼓励残疾人之间相互支持，相互鼓励，通过互助走出困境。

二、维护社区秩序

在很多农民集中居住社区中，"草根"社会组织在维护社区秩序方面做了较多工作，保障了社区的和谐、稳定。

案例1："老娘舅"纠纷调解服务队

某农民集中居住社区成立伊始，由于不同村落的居民处于磨合状态，社区纠纷不断。在居委会的提议下，社区成立了"草根"社会组织——"老娘舅"纠纷调解服务队。该服务队由原各村落中的乡贤带头，由居民中威望较高的居民组成，主要围绕四个方面开展工作：一是了解社情民意，掌握社区舆论导向；二是及时向党组织与居委会反映居民的思想动态；三是向居民宣传政策、法律法规等；四是根据居民需求，定期为居民开展调解业务，化解社区矛盾，促进社区和谐。在"老娘舅"纠纷调解服务队的努力下，社区的纠纷明显减少。居民也比较信任服务队，有什么纠纷，也愿意找服务队帮助解决。

📖 案例2：社区治安巡逻队

某农民集中居住社区流动人口多，加之社区转型，导致治安问题增多。在乡贤的带动下，社区自发成立了社区治安巡逻队，巡逻队每天定时在社区巡逻。巡逻队内部还进行了分工，相关人员分别负责各个楼栋，一旦发现可疑情况，及时向社区居委会报告。除了常规巡逻，巡逻队还承担了看护社区车库的任务。在网格化管理没有实施之前，巡逻队实际上已经自发形成了社区的网格化管理。

📖 案例3：社区志愿防疫队

抗疫期间，围绕疫情开展的排查信息、动员居民注射疫苗、宣传政府政策等，成了社区的重头工作。不少农民集中居住社区治理任务本来就重，加上应对抗疫任务，居委会工作人员非常辛苦。而且农民集中居住社区居民有一定特殊性，相关抗疫的工作也不好做，这更加重了居委会的负担。在这种情况下，在很多农民集中居住社区中，社区志愿者自发组织起来，成立社区志愿防疫队，帮助居委会开展抗疫工作。

有的防疫队专门制作歌曲与快板，广为宣传，鼓舞士气；居民外出不方便，有的防疫队主动为居民运送物品，极大地缓解了居委会与物业的压力；在排查信息、测体温、验核酸中，防疫队成员主动争当志愿者，协助居委会、物业担负执勤任务；还有的防疫队在小区维护社区秩序，有的防疫队帮助居民缓解紧张情绪，"间接"做了大量辅助工作；在疫情最严重的时候，很多弱势群体的生活成了大问题，防疫队挺身而出，承担为弱势群体服务的重任，比如，照顾高龄老年人，为一些慢性病患者拿药，等等，起到了雪中送炭的作用。

三、丰富居民的文化生活

在农民集中居住社区，如何丰富居民的文化生活是个大问题。毕竟在传统农村社区，农民有自己的方式满足自身的文化生活需要，集中居住破坏了农民固有的生活方式,农民短时间内又不适应城市的生活方式,这就造成了一定的矛盾。在这种情况下,一些社区"草根"社会组织涌现,致力于丰富居民的文化生活,满足居民的精神需求。

案例1：社区文艺团队联盟

某社区集中居住之前,原来各个村庄都有"自组织"的文艺团队,有的团队擅长腰鼓,有的团队擅长舞蹈。每逢节假日,这些文艺团队还为农民表演节目,丰富农民的文化生活,活跃村庄的文化氛围。集中居住之后,为了延续文化传统,在新形势下满足居民的需求,居委会倡议,整合原有村庄资源,成立社区文艺团队联盟。社区文艺团队联盟所具有的本土优势,是其他主体所不能替代的。刚集中居住时,每逢中秋、元旦等节日,居委会会邀请城市中的文艺团队进行演出,但居民不认可。他们认为城市中的文艺团队不符合他们的要求,满足不了他们的需求。后来居委会邀请社区文艺团队进行演出,居民反响良好。很多农民集中居住社区有着相似的情况,因此这一做法值得其他农民集中居住社区效仿与借鉴。文艺演出是"草根"社会组织比较擅长的领域,农民集中居住社区有着大量的"草根"文艺团队,整合这部分资源,可以让他们在自我娱乐的同时,为社区做出更大的贡献。

案例2：社区阅读会

农民集中居住社区的居民普遍文化程度低,生活比较单调。社区阅读会能让农民养成阅读的习惯,多看书,看好书,对于提高农民的文明程度、打造和谐社区,都具有重要意义。社区阅读会在城市社区比较常见,但是打造适合农民集中居住社区的阅读会,则不是一件容易的事情。在某农民集中居住社区中,一批骨干在居委会的带头下,针对居民进行调研,发动一批志愿者成立了社区阅读会。阅读会主要开展以下工作:一是通过讲座的形式,推荐适合居民阅读的图书;二是通过读书,以读交友,以读交流;三是通过"小手拉大手",在青少年中推广阅读,让青少年带动家长阅读,从而使社区形成良好的阅读氛围。在社区阅读会的带动下,部分居民彻底戒掉了打麻将,喜欢上了阅读,丰富了自己的业余生活。

四、维护居民利益

在不少农民集中居住社区中,"草根"社区组织还致力于集体维权,以组织的形式保障居民的合法权益不受损害。某社区的环境理事会就是其中的一个典型代表,这个社区环境理事会成为苏州市乃至江苏省的第一家社区环保"草根"社会组织。

> **案例 1:社区环境理事会**
>
> 某社区是一个农民集中居住社区。一条道路之隔,社区的旁边就是工业集中区。2014 年前,曾有工业集中区的企业偷排,污染了环境,给社区居民的健康带来了不利影响。居民们尝试抗争,但是单打独斗的方式不是很奏效。在一次次失败后,居民尝试组织起来抗争。在街道与居委会的帮助下,居民自发成立了基层居民自治环境组织——社区环境理事会,开启了居民集体维权的模式。通过企业开放日、社区互动、圆桌会议等各种方式,社区环境理事会与企业及管理部门保持沟通与联系,不仅维护了社区居民的环境权益,还帮助政府监督企业排污。

第三节 "草根"社会组织参与农民集中居住社区治理面临的困境

"草根"社会组织参与农民集中居住社区治理有着自身的优势,着实发挥了重要作用,但是受一些主客观条件的限制,仍面临一些困境。

一、服务技能较为低下

"草根"社会组织参与社区治理大多出于对社区的热爱,但是服务技能方面不尽如人意,因此,服务存在很大的局限性。

在为老服务领域,从理论上讲,"草根"社会组织在老年人精神慰藉、心理健康、互助养老方面优势最大,这是其他主体所不能替代的。很多服务者本身就是老年人,服务对象也是老年人,老年人了解老年人的需求,因此,服务时得心应手。另外,服务者与被服务对象都是一个社区的，服务应当有所保障。但是在实践中，"草根"社会组织这方面的优势并没有完全发挥出来，主要服务局限在为老年人测血压、血糖及节日慰问等简单层面。甚至不少"草根"社会组织把老年人之间的聊天认定为心理健康服务范畴，理想与现实之间差距甚远。在青少年服务方面，"草根"社会组织主要局限在教授青少年书法和绘画，向青少年讲授个人经历等简单层面，但是普遍缺乏沟通的技巧。在助残服务方面，"草根"社会组织所能做的大多是简单的慰问与安抚，并不能开展技能的传授与康复照顾服务，也不能为残疾人提供其他资源。

大多数"草根"社会组织按照"土办法"开展工作，不熟悉社会工作的方法（如个案工作方法、小组工作方法、社区工作方法等）。在调研的过程中，笔者多次发现这方面的问题。比如，急救是需要一定技巧的，但是不少"草根"社会组织缺乏相关的技巧培训，仅凭一腔热血救人，有的时候还差点酿成事故。同时，他们对于各种人际沟通技巧也不太了解。这限制了他们的服务水平，甚至出现"外行帮忙，越帮越忙"的情况。

二、可持续性难以保障

目前在农民集中居住社区，"草根"社会组织还面临可持续发展的困境。可持续发展的困境首先表现在成员年龄普遍偏大，主体是老年人。我们调研了5个农民集中居住社区中的10个"草根"社会组织，组织成员平均年龄在60岁以上，有的组织成员平均年龄甚至接近70岁。与年龄偏大对应的是，成员的文化水平较低，对新生事物的接受能力比较差。笔者曾随机调研了一个农民集中居住社区"草根"社会组织，其成员情况见表4-2。

表4-2 某"草根"社会组织成员情况（12人）

序号	年龄/岁	性别	文化程度	对办公软件、微信、QQ等的熟悉程度
1	66	女	小学	完全不懂
2	62	女	初中	略知一二
3	74	女	小学	完全不懂
4	70	女	初中	完全不懂
5	56	男	初中	完全不懂

续表

序号	年龄/岁	性别	文化程度	对办公软件、微信、QQ等的熟悉情况
6	79	女	小学	完全不懂
7	60	女	初中	略知一二
8	58	男	高中	熟练掌握
9	54	女	小学	完全不懂
10	55	女	小学	完全不懂
11	58	男	高中	略知一二
12	67	女	小学	完全不懂

"草根"社会组织成员为何年龄普遍偏大？笔者认为，这是由社区共性特点所致，也与农民集中居住社区自身特点有关。

就社区共性特点而言，老年人比较清闲，有时间参与社区事务；老年人生活比较单调，通过参与"草根"社会组织不仅可以丰富生活，还能获得一些健康方面的知识；老年人参与"草根"社会组织还能够实现互助；等等。因此，老年人加入"草根"社会组织的动力最足。中年人与年轻人工作压力较大，与社区打交道较少；中年人与年轻人交往空间比较大，从社区获得资源的欲望比较小。因此，中年人与年轻人都不愿意参与社区事务，即使参与社区事务，也基本倾向于单枪匹马式，缺乏像老年人那样的同辈群体效应。由此可见，中年人与年轻人不愿意成立或者参加"草根"社会组织，也在情理之中。

就农民集中居住社区自身特点而言，按照类型学分析，中年人与年轻人大致可以分为两种类型。一种类型的中年人与年轻人生存压力比较大。按照苏州的拆迁补偿政策，老年人集中居住后可以获得社保资格，每月领取保障金，保障金数额虽然不大，但是比较稳定。大多数中年人与年轻人享受部分补贴，有些年轻人甚至被"一次性"买断，因此缺乏稳定的生活来源。他们或在工厂做工，或经商做点小买卖。迫于生计，他们不愿意也没有时间与精力参与社区事务。另一种类型的中年人与年轻人生存压力非常小，他们从社区或社区股份中获利较多，或是房租等收入较多，或是老一辈财富积攒得较多，生计无忧。但是囿于文化程度，他们缺乏公益心，热衷于打麻将等，偶尔就业或者干脆不就业。这种类型的中年人与年轻人的数量在苏州农民集中社区中不在少数。他们加入"草根"社会组织、参与社区事务的意愿也不是很强烈。这两种类型中年人与年轻人的存在，一定程度上导致"草根"社会组织现有成员的年龄偏大。

可持续发展的困境其次表现在居民参与程度低。中年人与年轻人不愿意参与，相当一部分老年人也不愿意参与。笔者分析下来有以下几个方面的原因：一是农民集中居住社区打散了原有的社会网络结构，"熟人社会"的社会环境发生了变化，很多老年人比较保守，不愿意在陌生环境下参与社区事务；二是虽然一部分老年人生计无忧，但是面对新的生活环境无所适从，因此整天靠打麻将打发时间；三是部分老一代居民的文化素质还比较低，没有达到参与公益性活动的程度。

通过实地调研，笔者梳理"草根"社会组织成员，发现参与者主要有两类人群。一部分是原有体制中的老年人，即目前仍在乡镇、村委会、居委会就职或者从乡镇、村委会、居委会退休下来的老年人。另一部分是社区原有的乡贤。集中居住前，他们就愿意参与村庄的事务；集中居住后，他们仍有参与的热情，或是经居委会动员后，又成立或者加入"草根"社会组织，参与到社区事务中。由表4-3可以略见一斑。

表4-3 某"草根"社会组织成员的参与类型

序号	年龄/岁	性别	文化程度	参与类型
1	66	女	小学	其他
2	62	女	初中	原有体制中的老年人
3	74	女	小学	其他
4	70	女	初中	社区原有的乡贤
5	56	男	初中	社区原有的乡贤
6	79	女	小学	社区原有的乡贤
7	60	女	初中	原有体制中的老年人
8	58	男	高中	原有体制中的老年人
9	54	女	小学	其他
10	55	女	小学	社区原有的乡贤
11	58	男	高中	原有体制中的老年人
12	67	女	小学	原有体制中的老年人

三、组织类型较为单一

我国"草根"社会组织类型较多，可以分为文娱类组织、志愿服务类组织、治理类组织、维权类组织、互助类组织等。在苏州农民集中居住社区中，"草根"社会组织多是文娱类组织。据笔者的不完全统计，该组织占到50%以上的比例。苏州农民集中居住社区当前更需要志愿服务类组织、治理类组织、维权类组织与互助类组织，尤其需要志愿服务类组织与治理类组织，但是这两类组织目前还比较少，满足不了需求。

另外，即使是文娱类组织，大多也是自我娱乐型的组织，服务较多惠及组织成员自身，辐射面严重不足，对社区治理的贡献不大。

四、组织运作不规范

大多数农民集中居住社区的"草根"社会组织运作不规范。

首先，体现在组织内精英化明显。按照现代组织理论，组织（团队）领袖需要带领团队进行分享，促进团队合作，加强团队的稳定性。但是绝大部分"草根"社会组织精英化明显，基本上是一个领袖加几个骨干。特别是组织领袖一旦退出，就会导致组织无法正常运行。组织中的各项事务都需要这一个人或者几个人的参与。那些稍具能力的成员往往会身兼数职，既要负责策划活动、统筹协调，有时甚至还要参与文艺节目的编排和表演，凡事都要亲力亲为。这就造成了"马太效应"，即"强的"越忙，"弱的"越闲，"强的"得不到休息，"弱的"得不到锻炼，不利于组织的可持续发展。

其次，体现在管理不规范。大多"草根"社会组织不具有完整的规章制度。近些年来，由于政府倡导规范化管理，因此，很多组织开始建章立制。但即使如此，大多数组织也只是制定一个内部规范，少数组织甚至连内部规范都没有。而且不少规范仅仅是象征性或应景式的规范，并没有太多针对性，有的在很大程度上更像是摆设。

五、组织之间整合度不高

在大多数农民集中居住社区，"草根"社会组织之间资源整合度不高，导致资源没有被充分发掘，影响"草根"社会组织作用的发挥。

在社区内部，部分社区整合了社区"草根"社会组织资源，组织之间形成组织联盟，有效配置了资源。但大多数社区没有整合"草根"社会组织资源，不同类型组织之间几乎没有交流，仅仅是"马赛克"般简单拼凑在一起，同种类型组织之间资源大部分也没有整合。有的社区甚至出现了三个歌舞队并存的局面，三个队伍还出现了争夺场地的现象，影响了社区的和谐。

在社区之间，资源也没有整合。不可否认，"草根"社会组织具有本土性，为本社区居民服务，但是这并不意味着"草根"社会组织只能"画地为牢"般存在。社区（尤其相邻的社区）之间也可以适当整合一下"草根"社会组织资源，互通有无，既有利于各自的社区建设，也有利于满足居民的需求。但是目前在苏州农民集中居住社区，社区"草根"社会组织之间仍缺乏联系，跨社区的"草根"社会组织及"草根"社会组织跨社区的服务几乎空白。

六、组织缺乏资源

苏州为了加强社会建设，鼓励社会组织的发展，通过各种公益创投项目、社区党建为民服务项目、政府购买专项项目等，加大政府购买力度，不仅使专业社会组织受惠，"草根"社会组织也能得到资金支持，这是"草根"社会组织得以茁壮发展的原因之一。

分析"草根"社会组织的发展史，可以发现，"草根"社会组织资源的匮乏比较严重。尤其是农民集中居住社区的"草根"社会组织，资源更为缺乏。

在众多的项目中，"草根"社会组织可以申报的项目只有公益微创投项目与社区党建为民服务项目。苏州市区级公益创投项目一般有对专职人员的要求，基本上只有专业社会组织能够申报，将"草根"社会组织排除在外。街道层面开展的公益微创投项目是"草根"社会组织的主要资金来源，但是"草根"社会组织在公益微创投项目方面也面临着困境。一方面，2011—2021年，公益微创投项目资金在不断增加，但是"草根"社会组织的数目增长更快，"草根"社会组织面临激烈的竞争。另一方面，街道开展的公益微创投项目面向各种类型的社区。在商品房社区，"草根"社会组织大多从事锦上添花的服务，人员大多是本科学历，甚至是研究生学历，在写项目申报书方面优势很大。老社区虽然弱势群体比较多，但是其"草根"社会组织成员见识广，经验比较丰富。同其他类型的"草根"社会组织相比，农民集中居住社区的"草根"社会组织力量最弱，成员素质最低，因此，在项目比拼中，往往竞争力是最弱的。

社区党建为民服务项目相当于社区购买服务的资金，是"草根"社会组织的另一主要资金来源。2015—2017年，苏州一度出现社区党建为民服务项目购买热的状况，也使"草根"社会组织经历了一个黄金发展期。但近几年来，社区党建为民服务项目呈下降趋势。一方面，与其他政府购买服务相比，社区党建为民服务项目门槛最低，容易出现暗箱操作。另一方面，社区党建为民服务项目经费既支持购买社会组织服务，也支持社区工作者自身开展服务。在实践中，很多社区意识到购买专业社会组织服务面临着非本土化的困境；购买"草根"社会组织，又面临着技能不足的困境。因此，很多社区转向由社区工作者自己进行服务，这样也就减少了对"草根"社会组织的资金支持。

除了以上来源，在农民集中居住社区，"草根"社会组织基本没有其他渠道获得资源，这也就制约了其服务的深度与广度。他们缺乏为社区争取资源的能力，也不善于与其他主体打交道，很难为自己争取到更多资源。由于体制惯性，很多居民更信任居委会，对"草根"社会组织缺乏认同，也影响了其对资源的获得。在访谈中，笔者了解到有的"草根"社会组织曾经跟社区一些小老板"化缘"，但是对方不信任他们，只信任居委会，导致"化缘"失败，这方面的案例比比皆是。

笔者曾在一个街道随机调研10个"草根"社会组织，发现这10个"草根"社会组织所获得的资金大部分来源于社区党建为民服务项目、公益创投项目和社区工作经费。至于共建单位支持、居民支持、组织成员自筹的经费则微乎其微。（表4-4）

表4-4　某街道10个"草根"社会组织的资金获取情况（2019年）

组织	社区工作经费/万元	公益创投项目/万元	共建单位支持/万元	社区党建为民服务项目/万元	居民支持/万元	组织成员自筹/万元
组织A	2.0	4.1	0	3	0	0.1
组织B	0.8	0	0.75	3	0	0
组织C	1.8	0	0	3	0	0
组织D	0.5	0	0	0	0.2	0
组织E	0.3	0	0	0	0	0
组织F	0.3	0	0	2	0	0

续表

组织	社区工作经费/万元	公益创投项目/万元	共建单位支持/万元	社区党建为民服务项目/万元	居民支持/万元	组织成员自筹/万元
组织 G	0.5	0	0	2	0	0
组织 H	0.3	4.0	0.50	6	0.1	0.1
组织 I	0.3	0	0.20	0	0	0
组织 J	0.2	0	0.20	0	0	0

七、过于依赖居委会

从法理上讲，"草根"社会组织是居委会的助手和帮手，在居委会的指导下共同参与社区治理。但是在大部分农民集中居住社区，"草根"社会组织过于依赖居委会。在部分社区，本来"草根"社会组织应为居委会减负，结果却是为居委会增负。

苏州市委办、市政府办于2011年下发了《关于进一步加强全市社会组织建设的意见》（苏办发〔2011〕63号），提出"争取到'十二五'末，实现全市社会组织登记数倍增，万人（户籍）拥有登记的社会组织数10家以上，备案的社区社会组织数达到每个城市社区10个、农村社区5个"的总体要求。为完成这一目标，不少居委会动员辖区内社团注册组织，由此促进了"草根"社会组织的大发展。但是在"草根"社会组织的发展前期，其对居委会的依赖性极大。在社团组织注册后，很多区、街道政府下达项目要求，要求"草根"社会组织提升能力，并申报各种项目。但是大部分"草根"社会组织缺乏申请项目的能力，于是不少居委会工作人员替"草根"社会组织撰写申报书或是辅导他们写申报书。项目申请下来后，当"草根"社会组织不会运作时，居委会工作人员又会介入项目的运作。在很多项目的中期检查与结项汇报中，不是"草根"社会组织领袖或者成员去汇报，而是由居委会工作人员汇报。

随着组织的不断发展，在项目方面，"草根"社会组织对居委会的依赖性逐渐减少，但在其他方面仍存在较大的依赖性。在不少农民集中居住社区中，"草根"社会组织的自主性仍然很弱，例如，关于开展何种服务、服务对象的确定、服务场地等问题，"草根"社会组织都需要询问社区居委会。

第四节　如何进一步调动"草根"社会组织参与农民集中居住社区的治理

"草根"社会组织参与农民集中居住社区治理，需要政策的推动。在当前政策的基础上，还要加大扶持力度，把"草根"社会组织的潜力激发出来，更好地为社区服务。

一、苏州对"草根"社会组织的相关扶持政策

从2011年开始，苏州加大对"草根"社会组织的扶持，出台了若干文件，为"草根"社会组织的发展奠定了基础。（表4-5）

表4-5　苏州对"草根"社会组织的相关扶持政策文件

年份	政策出台单位	文件名	文件内容
2011	苏州市委办、市政府办	《关于进一步加强社会建设、创新社会管理的意见》	将"健康的社会组织发展体系"列为加强社会建设、创新社会管理六大工作体系之一
2011	苏州市委办、市政府办	《关于进一步加强全市社会组织建设的意见》	"争取到'十二五'末，实现全市社会组织登记数倍增，万人（户籍）拥有登记的社会组织数10家以上，备案的社区社会组织数达到每个城市社区10个、农村社区5个"的总体要求，明确了重点发展新兴产业类、公益类社会组织和社区社会组织的指导思想，指出了开展社会组织评估、建立社会组织发展专项资金、开展"公益创投"活动、建设社会组织孵化器、推进政府职能转移和向社会组织购买服务等具有开拓性、创新性的目标
2012	苏州市委办、市政府办	《关于在全市开展"政社互动"试点工作的指导意见》	将与政府互动的"社"的内涵由单纯的基层群众自治组织扩大为"基层群众自治组织和社会组织"，从制度层面为社会组织承接政府转移职能、参与社会建设和管理搭建平台

续表

年份	政策出台单位	文件名	文件内容
2013	苏州市委办、市政府办	《关于加快推进全市社会组织健康发展的若干意见》	对已备案2年以上且运作较规范的社区社会组织，通过降低门槛、放宽条件、简化程序等措施，引导其注册登记；建设完善的社会组织培育体系；加大政策性支持和扶持力度等
2015	中共苏州市委组织部、苏州市民政局、苏州市财政局	关于印发《苏州市社区党组织为民服务专项经费使用管理办法（试行）》的通知	苏州市社区党组织为民服务专项经费适用范围为党建工作类、公共服务类、自治管理类、其他类及经费使用程序、使用原则等
2018	苏州市委办、市政府办	《关于巩固深化"三社联动"创新推进城乡社区治理的实施意见》	进一步完善社区社会组织孵化机制，推动镇（街道）、村（社区）层面建立社区社会组织孵化培育和综合服务平台，为社会组织提供支持。支持和鼓励在城乡社区开展纠纷调解、健康养老、教育培训、公益慈善、防灾减灾、文体娱乐、邻里互助、居民融入及农村生产技术服务等活动的社区社会组织。对符合登记条件的社区社会组织，优化服务，简化手续，加快审核办理

二、进一步扶持"草根"社会组织的政策建议

笔者认为，现有政策体系还是远远不够的。为了更好地推动"草根"社会组织的发展，助力农民集中居住社区的治理，可进一步加大相关扶持力度。

一是分类推进专业社会组织与"草根"社会组织建设。目前在苏州，随着政社互动的全面铺开，社会组织明显已经出现分流的趋势，专业社会组织逐步进入职业化轨道，而"草根"社会组织则日益本土化，二者运行机制迥然不同。但是目前除了个别环节，在整体上苏州尚未将专业社会组织与"草根"社会组织严格区分，部分政策体系都把二者"混合"在一起，导致实践中处理一些事务时困难重重。苏州可以考虑出台相关条例，实施专业社会组织与"草根"社会组织的分类管理机制，探索专业社会组织与"草根"社会组织二者不同的管理机制、培育方式、激励措施等。

二是为"草根"社会组织提供场地与设施。按照适度超前、合理规划、因地制宜原则，采取购买、置换、租赁、新建等多种方式，大力开展社区办公活动用房和公共服务用房扩容升级建设，为"草根"社会组织开展服务提供必要的设施与场地支撑。

三是适当开辟"造血"机制。在扶持社会组织发展方面，苏州曾开辟"邻里情"生活馆模式与"汇邻"中心模式，例如，集社区服务、公益服务、商业服务于一体的四季晶华的"邻里情"生活馆和沧浪新城的"汇邻"中心，通过以商业性经营活动的收入来支持社区服务和公益服务的可持续发展，实现经济效益和社会效益的双赢。建议对该模式进行复制和推广，为"草根"社会组织开辟更多的资源通道。

四是通过项目引导实现"草根"社会组织的多类型发展。鉴于农民集中居住社区中文娱类组织居多，志愿服务类组织、治理类组织、维权类组织与互助类组织不足的状况，建议通过项目引导的方式加以解决。农民集中居住社区当前最需要志愿服务类组织与治理类组织，在项目立项中，适当向这二者倾斜，优先考虑这两种类型的组织，同时适当引导文娱类组织向志愿服务类组织与治理类组织转型。

第五节　如何孵化和培育农民集中居住社区"草根"社会组织

除了政策扶持，加强对"草根"社会组织的孵化与培育同样十分重要。合理的孵化与培育，可达到增能提效、强基固础的功效，保障"草根"社会组织的持续发展，也为"草根"社会组织参与农民集中居住社区治理奠定坚实的基础。我国目前两类社会组织的发展重点有所不同。专业社会组织往往在技能方面处于优势，他们面临的难题是如何融入社区。而"草根"社会组织在融入社区方面具有优势，他们需要的是提高技能，从"自发"转型到"自觉"，而"自觉"离不开孵化与培育。

苏州目前比较重视"草根"社会组织的孵化与培育工作，各个街道都形成了完整的孵化与培育体系，多聘请第三方，以公益坊载体为"草根"社会组织讲授课程、辅导业务、提供场地、进行培训等。但是孵化与培育中也存在明显的问题。一是对象选择的不合理性。不是所有"草根"社会组织都有机会获得培育，要经过一道道程序的选拔。大多数街道或第三方通过"申请（社区社会组织递交项目书）—立项（评审会筛选）"的方式选择孵化与培育对象。"草根"社会组织在撰写项目书方面的能力偏弱，"只会做不会说"是他们的共同特征。这种只注重技能的选拔方式，导致一些应当作为孵化与培育对象的组织被排除在外，影响了孵化与培育效果。二是标准化弊端明显。街道或者第三方通过标准化体系开展培育工作，而"草根"社会组织发育参差不齐，因此，标准化体系难以适应不同组织的需求。三是缺乏后续跟踪。孵化与培育周期性非常长，一般是1年，项目结束后的跟踪机制不全，导致"草根"社会组织后续缺乏指导。

鉴于目前的孵化与培育现状，笔者认为，要从以下几个方面加以改进。

一、改革选拔方式

建议改革目前的选拔方式，变单维的项目申报选拔为多维的综合项目申报选拔。综合选拔分为三部分：一是项目申报选拔；二是社区评价选拔；三是群众抽样选拔。这样能在一定程度上保证选拔的科学性。

二、采取"二次孵化"

鉴于目前农民集中居住社区"草根"社会组织大多数是文娱类组织的特点，可以采取"二次孵化"，将其培育为志愿服务类组织、治理类组织或者综合类的社会组织。具体而言，要通过激励措施，鼓励文娱类"草根"社会组织转型，在自身活动之外，从事治安巡逻、看护车库、清理小广告等治理类活动。"二次孵化"的好处在于孵化一个有一定基础、成员之间也有了一定的默契的成形的组织，比孵化一个新组织要省去不少成本。而且在既有活动之外"叠加"治理功能，相对来讲也是比较容易的。

三、注重"隐形孵化"

我国最早对"草根"社会组织的孵化与培育由居委会实施，后来推行了第三方模式后，居委会在孵化与培育方面的作用有所减弱。但居委会在"草根"社会组织的孵化与培育中的作用是毋庸置疑的。居委会的作用可以用"隐形孵化"几个字来概括。由于"草根"社会组织与居委会打交道最多，而且互动频繁，因此，居委会对"草根"社会组织的影响是潜移默化的。居委会规范有序，就会带动"草根"社会组织规范有序，反之亦然。所以为了更好地孵化与培育"草根"社会组织，就要从居委会自身建设着手，注重隐形影响的功能，从而推动"草根"社会组织的建设。

四、实现孵化与培育模式的多样性

笔者认为，对"草根"社会组织的孵化与培育不应采取"一刀切"的形式，而是要根据社区的特点和"草根"社会组织的实际发展状况，选择适宜的模式。苏州现有的"草根"社会组织孵化与培育模式有两种：一是"街道-社区"直接孵化培育模式，二是第三方孵化培育模式。笔者认为，当前还可以采取专业机构社会组织"帮带""草根"社会组织模式，对"草根"社会组织进行孵化与培育。具体设想如下：在公益创投与政府购买项目中，可以"打包"项目给专业社会组织与"草根"社会组织合作完成，让"草根"社会组织寓做于学。这一做法不仅仅使"草根"社会组织受益，对专业社会组织也大有裨益。"草根"社会组织具有本土化优势，可以帮助专业社会组织更好地完成项目，实现优势互补。

五、推出更多的孵化与培育方式

在孵化与培育方式上，还应该推出更多的形式。可以通过开设领袖培育能力工作坊、举办领袖能力专题讲座等形式，培育"草根"社会组织的领袖能力；通过开展专业辅导、组织参观交流活动、举办项目大赛等形式，规范"草根"社会组织的运作；通过举办专题讲座、开展实务督导、进行项目辅导等形式，加强"草根"社会组织获取资源的能力。尤其要采取以赛代练的形式，通过志愿服务大赛、创意服务大赛等，让"草根"社会组织迅速成长。另外，对部分"草根"社会组织实施终身孵化与动态孵化，加强跟踪机制，为其提供及时、全面的服务。

六、注重内容的本土化

关于孵化与培育的内容，在标准化体系之外，还要注重内容的本土化，这一点对农民集中居住社区"草根"社会组织的培育尤其重要。要适当开发一些本土内容课程，满足"草根"社会组织的需要；要整合一些本土案例,激发"草根"社会组织的兴趣;关于财务、法律方面的培训,要考虑到"草根"社会组织的特点,须通俗易懂;在讲解一些专业方法时,也要通俗易懂,而不是抽象、复杂;等等。

第六节 农民集中居住社区"草根"社会组织可持续发展问题

农民集中居住社区的"草根"社会组织能否在社区治理中发挥重要作用,更好地为居民服务,除了政府的政策扶持与孵化培训的外力作用,还要加强组织的自身建设,以下几个方面不能忽略。一是注重接班人的培养。接班人的培养是关系到"草根"社会组织生存与发展的大事。从宏观上看,在农民集中居住社区中,"草根"社会组织的困境其实就是居民参与的困境,影响因素众多,比如,物质生活的不断改善,社区凝聚力的不断加强,居民素质的不断提高等,因此,"草根"社会组织状况的改善需要一个过程,但是这并不意味着"草根"社会组织自身不需要有所作为。笔者认为,组织的负责人与骨干要有主观上的能动性。在社区治理中,要有意识培养一些年龄合适、志愿服务意识强、有爱心的人作为自己的接班人。先是要吸引这些接班人参加活动,然后逐步引导乃至实现权力的交接。二是注重制度的建设。虽然"草根"社会组织是非正规性质的组织,但毕竟也是一个组织,一些必要的制度还是要有的。缺乏制度建设的组织是没有长久的生命力的。因此,需要建立与完善财务制度(因涉及服务经费的使用)、台账制度、监督制度、行为规则等,为组织的长效发展提供保证。三是注重团队的建设。国际著名的组织行为和人力资源管理专家、美国华盛顿大学商学院终身教授陈晓萍博士认为,"团队"是由两个或两个以上的人组成的集体,其成员之间在某种程度上有动态的相互关系。[1] 高绩效的团队需要由具备不同优势、不同技能、人格各异的人组成,并根据组织的需要和团队成员各自的特点分别承担不同的岗位任务,通过团队成员的分工协作,保证整个团队的高效运作。尽管"草根"社会组织不是十分正规的组织,但是为了更好

---

[1] 王涵.打造高绩效团队:专访美国华盛顿大学商学院终身教授陈晓萍博士[J].人力资源杂志,2004(9):18-19.

地服务居民，必要的团队建设不可缺少。尤其一些组织的志愿者队伍逐渐扩大，合理的分工能提升效率，发挥成员的特长，起到事半功倍的作用。因此，组织负责人应形成分工协作意识，随着组织的发展，不断提升人与事的匹配度。四是注重组织之间的联合。组织要想发展，整合资源非常重要，尤其是加强组织与组织之间的合作，这是组织发展的关键所在。"草根"社会组织都有一个共同的目的：服务自己及居民。这种价值观的一致性为组织之间的资源整合奠定了基础。另外，同在一个社区（或者相邻的社区），也为组织之间的资源整合创造了有利条件。因此，"草根"社会组织应当学会利用社会网络，整合力量，互通有无，优势互补，更好地为居民服务。

第五章

"四治并举"

2017年党的十九大提出健全自治、法治、德治相结合(简称"三治结合")的乡村治理体系,2019年党的十九届四中全会提出健全党组织领导的自治、法治、德治相结合的城乡基层治理体系。"三治结合"科学论断的提出,是对我国既往社会治理实践的反思。我国城乡治理实践历史证明,只有坚持"三治结合",才能调动社区各方的积极性,群策群力把社区治理好。"三治结合"科学论断的提出,也是对未来社区治理的展望。近些年来,我国的社会治理形式发生了巨大变化,法治化、规范化、社会化、智能化等已经成为大势所趋。在这种情况下,治理手段必须与时俱进,"三治结合"就是与时俱进的集中体现,也将成为我国相当长一段时间内社区治理的主旋律。笔者认为,近些年来,科技在社区治理中发挥的作用越来越大,因此,智治也成为社区治理中的重要一环。笔者认为,在"三治结合"的基础之上,理想的社区治理状态是自治、法治、德治、智治"四治并举"。

农民集中居住社区是一种特殊类型的社区,实现自治、法治、德治、智治"四治并举",符合社区治理的现状,有着不同寻常的意义。而且相比其他类型的社区,农民集中居住社区更需要"四治并举"。本章就农民集中居住社区"四治并举"的相关问题加以探讨。

第一节 "四治并举"对于农民集中居住社区的重要意义

在农民集中居住社区的治理中,自治、法治、德治、智治一个都不能少，自治是前提，法治是保障，德治是重心，智治是支撑，四者相得益彰，共同推动社区的治理。

一、自治是前提

所谓社区自治，主要指依照宪法和法律，由居民或者村民依据国家相关法律法规，实行自我管理、自我教育、自我服务、自我监督，其中载体是居民委员会与村民委员会。自治是我国社区治理的基本前提，也是社区运行的基础所在。

1. 自治可以满足农民集中居住社区居民的需求

社区是满足居民需求的空间与场所，居民的需求包括物质需求、情感需求等。居民是社区的主人，只有居民才知道自己真正的需求及满足这些需求的途径，因此，社区首先必须是个自治的单位，这是满足居民需求的前提。另外，只有自治才能体现居民当家作主的宗旨，调动各方的积极性，群策群力，把社区建设好，实现人人为我、我为人人的局面。

由于特殊原因，很多农民集中居住社区社会资本孱弱，要借助外部资源为社区建设注入力量，助推社区治理走上正轨。但这只是一种过渡，自治是大方向，居民的很多需求（尤其是文化和娱乐方面的需求、情感需求等）还是要靠社区层面予以满足，社区的很多事务归根结底还要依靠居民"自组织"解决。

2. 自治可以适应社区治理的新形式

中华人民共和国成立后，在特定的历史条件下，我国实行的是单一政府治理模式，在城市中的表现形式是单位制，单位承担很多社会职能。改革开放后，随着单位制的解体及新阶层的出现，社会问题呈现复杂化倾向，居民诉求增多，只凭单一政府治理模式，难以满足治理的新形势与新需要。如何盘活基层治理，成为我国社会治理中的重大问题，于是社区自治应运而生。1982年，村民委员会和居民委员会以"基层群众性自治组织"的身份被写入《中华人民共和国宪法》，这奠定了我国社区治理的方向。近些年来，我国社会矛盾发生了转变，由人民日益增长的物质文化需要与落后的社会生产之间的矛盾转变为人民日益增长的美好生活需要和不平衡不充分的发展之间的矛盾，人们的利益诉求出现多样化与多层次的趋势。在这种情况下，只有下移治理重心和强化基层社区自治，才能更好地应对社会治理新形势。农民集中居住社区也是如此，因其具有过渡性，治理形式更为复杂。应对复杂的形势，不能仅仅依靠外力,还需要利用本土优势,破解治理难题。

3. 自治是党的领导下的自治

社区自治是社区治理中的根本制度,但社区自治是在党的领导下的自治,这是根本保障。党的领导并不是党对社区事务的干预,而是引导正确的方向,使居民的自我管理、自我教育、自我服务与自我监督不偏离社会主义发展的大方向。党的领导是社区自治的有力保障,通过党组织的领导、支持、动员,更多居民加入社区治理,为社区治理夯基固础。农民集中居住社区也是如此,社区自治不是盲目自治与随意自治,离不开党组织的领导、支持、动员。

二、法治是保障

法治是社区治理的保障,社区自治必须在法治的框架下进行,离开法治的自治不是自治,而是乱治。我国社会治理的方向是法治化,社区是社会的细胞,社区和谐是社会和谐的基础,社会治理将法治作为基础,社区治理当然也不例外。社区治理不是让主体放任治理,而是循法而治。只有以法治作为保障,社区自治才能沿着科学、合理的路径推进,才能实现可持续发展。另外,在社区自治中,有多个主体存在,各方需求错综复杂。因此,必须以法治为依据,把政府与社会的关系规则化,切实理顺各方关系,确保社区自治得以有效进行。农民集中居住社区的治理,也必须以法治为保障。只有权责清晰、关系理顺,各个主体才能各司其职,真正发挥居民的主体作用。

三、德治是重心

社区的治理也离不开德治。德治是社区的主导因素。尤其社区规模小、人际网络密集、居民互动多,德治更是重中之重。在我国历史上,社区治理基本上依靠德治,费孝通先生所说的乡绅自治,总体上就是一种德治。其机理是居民受到社会网络的制约,社区利用舆论影响等规范人们的行为。如违反公德,居民虽然受到的经济处罚很轻,甚至是零处罚,但是社会后果非常严重,意味着可能会被孤立,家庭受掣肘,这比经济上的惩罚要可怕。农民集中居住社区的前身是农村社区,正是依靠德治治理社区的。尽管当前社会环境发生了较大变化,但是利用舆论等影响人们的行为,在当今的社区中仍不可或缺,传统农村社区的德治仍有部分内容可以参考与借鉴。

四、智治是支撑

2019年党的十九届四中全会提出完善党委领导、政府负责、民主协商、社会协同、公众参与、法治保障、科技支撑的社会治理体系，突出了科技的重要作用。科技改变生活，当然可以应用在社会治理上。大数据、云计算、物联网、人工智能等新技术的发展改变了人们的生活，社会治理模式也随之发生了变化。用好这些技术手段，能有效提升社会治理的科学化、智能化、信息化、专业化、精细化水平。科技在维护社区治安方面，同样发挥了重要作用。例如，自动"人脸识别"等应用，为社区安全提供了有效保障；在公共区域安装各种安全探头等，既让居民更放心，也为处理社区纠纷提供依据。科技在方便居民生活与提高服务水平方面，也发挥了重要作用。科技将医疗、就业、扶贫、教育、社会保障等各项民生服务数据进行高度融合，形成社区民生服务数据资源池，方便居民生活。居民可以直接在社区自助办理机查询各项政务服务的办理流程及所需资料，办理缴费、查询违章、查询公积金，等等，居民的生活质量大幅度提高。智治对于农民集中居住社区而言，尤其重要。农民集中居住社区面临的问题，如电瓶车乱停放、高空抛物、治安问题、流动人口管理等，都需要科技的介入，借助科技手段解决问题，能够事半功倍。

第二节 农民集中居住社区"四治并举"的经验

一、自治方面的成就

1. **推进"政社互动"，为社区减负**

近些年来，苏州积极致力于社区减负，让居委会减少"条线"上的业务，使其主要精力用于带领居民进行社区自治。为此，从2012年起苏州推进了"政社互动"。2012年6月，苏州市委办、市政府办批准了《关于在全市开展"政社互动"试点工作的指导意见》，要求各市（县）、区各自选1~2个镇或街道先行开展"政社互动"试点工作，积极探索政府调控与社会协同互联、政府行政功能与社会自治功能互补、政府行政管理与公众参与互动的新型社会管理模式，之后全面铺开。"政社互动"通过"一张契约""两份清单""双向评估"模式（表5-1），理顺政府与社区的边界，有效对居委会进行减负。"一张契约"是通过政府与村（居）委会签订的协议书，明确居委会的责任。"两份清单"是《基层群众自治组织协助政府工作事项》和《基层群众自治组织依法履行职责事项》两份清单，即列出了社区应当做的及应当协助政府做的事。除此之外，"条线"上的业务到社区，一是需要经过社区的同意，二是要有相应的购买服务。"双向评估"是"条线"部门可以评估居委会（村委会），居委会（村委会）也可以评估"条线"部门，这为"政社互动"提供了保障。这样避免了居委会（村委会）被迫接受"条线"部门安排给社区的工作，从而保障了居委会（村委会）的权益。

表 5-1 "政社互动"模式

"一张契约"	指的是政府与居委会（村委会）签订的协议书
"两份清单"	指的是《基层群众自治组织协助政府工作事项》和《基层群众自治组织依法履行职责事项》两份清单，厘清政府和群众自治组织的职责分工
"双向评估"	指的是平等主体间的"双向评估"工作，取代原来的"单边考核"

2. 加强规范化自治

苏州在积极推动社区自治的同时，更强调社区自治的规范化，依法推进基层群众自治，保障基层群众自治工作的规范化和程序化。自2016年开始，规定社区自治权利事项，协助政府工作事项清单全部向社会公示，接受公众监督。

二、法治方面的成就

1. 大力开展普法工作

法治建设的基础是居民知法、懂法，因此做好法治宣传工作至关重要。考虑到农民集中居住社区居民的法律意识相对比较淡薄，另外，居民不太习惯接受比较复杂的东西，很多街道与社区做了简单易懂的普法宣传，如通过小品、歌舞等群众喜闻乐见、通俗易懂的形式宣传法律知识，利用法治长廊、法治街、宣传栏、社区大屏中图文并茂的法治标语等进行法治宣传，将印有法治故事的小册子送给居民进行宣传，等。

2. 动员社区力量加强法治建设

很多农民集中居住社区结合网格化治理，动员社区力量加强法治建设。社区发挥网格员的作用，一旦发现违法行为，第一时间进行上报；

针对有问题的青少年，聘请相关专业人士定期上门了解其思想动态；社区发挥"五老"（老干部、老党员、老教师、老军人、老模范）等作用，让他们担任社区调解委员会成员，处理社区纠纷；社区成立普法志愿者队伍，安排他们定期巡逻，维护社区治安。

3. 颁布多项专项条例

为维护社区治安，苏州不断完善专项条例，为治安保驾护航。比如，2006年9月，江苏省第十届人民代表大会常务委员会第二十五次会议批准了《苏州市养犬管理条例》，居民委员会、村民委员会或者业主委员会可以根据相关公约或者管理规约，划定本居住区禁止犬只进入的公共区域；有条件的居住区可以设立专门遛犬场所，并设置明显的标识；要求养犬人乘坐电梯避开高峰时间，并采取怀抱、装入犬袋或者戴犬嘴套等措施主动避让他人。《苏州市养犬管理条例》为解决农民集中居住社区的养宠物问题，提供了法律依据。

4. 进行"331"长效整顿

社区法治的维护，仅仅依靠社区力量是远远不够的。为此苏州定期开展"331"长效整顿行动，从政府层面定期推动社区治安与安全整治。第一个"3"指的是"三合一"场所（生产、住宿、经营等混合在一起的场所）、出租房（群租房）和电动自行车三类突出的易发生火灾的隐患地点，2019年年初，在既定基础上增容扩面至"九小场所"[1]和小微企业；第二个"3"指的是对照执行的任务清单、履职清单和追责清单三张清单；"1"指的是专项行动初定100天。集中式整顿覆盖每一个社区，对农民居住社区治安维护有着重要意义。

5. 重视区规民约

社区治理不仅要有政府层面的法律法规，还必须有社区自身的区规民约。区规民约前身是乡土农村的村规民约，它在既往的社区治理中发挥了重要作用。相比传统社区，虽然目前的社区规模已经很大，但是在社会治理中，仍然是"小场域"，区规民约的作用不可忽视。为此，《中共中央国务院关于加强基层治理体系和治理能力现代化建设的意见》提出，乡镇（街道）指导村（社区）依法制定村规民约、居民公约，健全

---

[1] 小学校或幼儿园、小医院、小商店、小餐饮场所、小旅馆、小歌舞娱乐场所、小网吧、小美容洗浴场所，小生产加工企业。

备案和履行机制，确保符合法律法规和公序良俗。[1]

苏州很多农民集中居住社区高度重视区规民约的建设，不少社区专门通过民主协商，制定了本社区的区规民约，以增强居民对社区的认同感，规范居民的行为。部分街道还专门开展区规民约方面的比赛，以激励社区推进区规民约工作。笔者调研了部分社区，发现有的农民集中居住社区的区规民约简单易懂——如"爱护绿化，不践踏绿地；严格进行垃圾分类，不随意丢弃垃圾；主动办理养犬证，定期注射疫苗；杜绝高空抛物，不往窗外抛撒物品"。有的农民集中居住社区将区规民约做成了"三字经"："楼道里，勿堆放；公家物，要爱护"等。

三、德治方面的成就

1. 加强乡风文明建设

在农民集中居住社区前身的传统农村社区，乡风文明建设是德治的重要抓手。德治以伦理道德规则为准则，是社会舆论与自觉修养相结合的"软治理"。乡风文明建设水平集中体现了德治的水平。虽然很多农民集中居住社区已经转型为城市社区，但这些社区仍高度重视乡风文明建设。笔者经过调研和梳理，将各个社区的普遍做法罗列如下。

（1）以家风促道德新风

很多农民集中居住社区以家风带民风，引领社会新风尚。有的社区开展"家风之智""家风之道""家风之义"等活动，以经典的家风故事来增强人们对优良家风、家教、家训的认识；有的社区开展"十佳社区里的家风"评选活动，利用政务微博、政府网站等，讲好有温度的家风故事，用身边事教育身边人；有的社区结合"我们的节日"、道德讲堂、读书会、故事会、座谈会等，开展家风宣传；有的社区举行"好家风伴我成长"征文、绘画比赛等小型专题教育，传承中国传统文化的精髓，传承好家风，谱写幸福生活。

（2）打造载体与阵地

不少农民集中居住社区设立宣传文化长廊、善行义举榜、手绘家风展览馆、诚信驿站阵地、道德广场等多个载体与阵地，以促进乡风文明建设。

---

[1] 中共中央 国务院关于加强基层治理体系和治理能力现代化建设的意见[EB/OL].(2021-07-18)[2023-08-21].http:www.gov.cn/zhengce/2021_0)/11/content_5624201.htm.

2. 开展针对"痛点"的主题活动

农民集中居住社区前身是农村社区，社区中存在一些不良风俗，尤其红白事方面的一些不良风俗，影响了农民的生活及社区的秩序。集中居住以后，这些风俗更不合时宜。部分农民集中居住社区结合德治建设，开展了移风易俗活动。例如，苏州某街道开展的移风易俗活动，就是一个典型。

一是广泛宣传和引导，营造浓厚的氛围。将移风易俗纳入居民公约，通过电子屏、百米长廊、横幅、围栏、告知书等多种形式宣传移风易俗相关要求，组织社区党员干部签署移风易俗承诺书。清明期间开展文明祭扫宣传活动，普及厚养薄葬观念，倡导文明、简朴的丧葬礼俗和文明、科学的丧葬活动，不在公共场所焚烧纸钱，用生态、环保的方式表达对逝者的追思。二是建立红白理事会，发动居民参与。社区内老党员等有一定权威的居民担任红白理事会理事，上门发放告知书，引导居民不要大操大办，做到勤俭节约。社区推出移风易俗相关优惠政策，凡租用社区礼堂办理宴席且符合节俭办事标准的，可享受减免礼堂租金60%的优惠。三是办好"清风大讲堂"，传播文明理念。社区"清风大讲堂"定期举办移风易俗专题宣讲活动，由选中的居民当教员，向广大群众传播孝老爱亲、厚养薄葬及喜事新办、丧事简办的理念，引导居民摒弃陋习，注重将孝道尽在平时、尽在生前。

3. 利用典型示范带动

在苏州某社区，有一个好人周六妹，其事迹颇为感人。10年间，她献血19次，累计献血量7 000毫升；她曾在市红十字会登记捐献遗体，并带动身边人加入遗体捐献行列；面对独居的邻居，她无微不至地关怀他，直至陪他走完最后的人生。社区抓住这一典型，彰显"辐射效应"，成立"周六妹好人工作室"，宣传"中国好人"周六妹长期无偿献血并捐献遗体的先进事迹，带动一大批人加入遗体捐献行列，"好人效应"辐射效果明显。

4. 开展各种家庭活动

不少农民集中居住社区开展"星级家庭""最美家庭"等评选活动；不少社区鼓励"最美家庭"以家庭为单位，以团队形式组建"最美讲师团"和帮帮团，走进社区党群服务中心、妇女之家、儿童之家等，举办"最美家庭"服务集市，参与家庭帮扶、家教指导、家风宣讲、环保倡导等公益服务活动。

四、智治方面的成就

1. 加强智慧社区建设

近些年来，苏州大力推进智慧社区建设，农民集中居住社区也不例外。在社区治理方面，推进"大数据+基层治理"模式，力图打造共享型城乡基层治理公共资源大数据平台，围绕满足社会基层治理现代化和社区居民服务多元化两大需求，以社区居民为服务核心，从社区安全、物业管理、公共服务、社区治理着手，加快人工智能、大数据、5G、区块链等与社区治理和服务体系的深度融合。

2. 利用科技维护社区治安

在部分农民集中居住社区，科技被充分应用于维护社区治安。例如，制止"电瓶车上楼"的科技应用。其基本原理是运用"科技手段+网格化"，设置两道关卡。第一道关卡是当有人推电瓶车进楼栋的大门时，有自动报警设施直接向网格员传送信息，网格员第一时间赶到现场，予以制止。第二道关卡是当电瓶车进电梯时，自动报警设施会向物业报警，物业人员进行处理。有的社区直接设置阻止程序，当遇到电瓶车进电梯时，一方面报警给物业人员，另一方面电梯不予开门。当然，一味采取"堵"的方法，不是长久之计。因此，在很多农民集中居住社区，物业设置了大量的充电桩，充电费用甚至要低于家里充电的费用，通过双管齐下措施，基本上解决了电瓶车上楼问题。

使用科技维护社区治安，还能回避传统社区治理中不少尴尬的问题，提高治理效率。有的农民集中居住社区开展的"非接触性执法"就是例证。对占道经营、店外设摊、杂物随意堆放、广告和海报乱贴乱挂、车辆违规停放等现象，传统执法方式一般采取现场取证，对商户进行教育与处罚。但动态问题与静态管理本身就是一个矛盾体，会导致取证链条不完整，如缺失现场证据等，执法人员便无法对当事人进行相应的教育和处罚。"非接触性执法"，即执法人员利用信息技术手段获取有关当事人违法事实的证据材料，形成当事人"零口供"下的完整证据链；再通过留置或邮寄送达等方式，完成"零接触"下的告知程序；最后通过法院非诉执行，保障行政处罚执行到位。

科技提高了治理效率，还解决了以往不好解决的问题。比如，有的社区利用二维码解决出租房的人员信息问题，就是很好的例证。管理人员只要拿出手机扫一下出租房上的二维码标牌，就可以准确核对手机里显示的这套出租房的人员的信息,解决了以往缺少信息难以采取针对性措施的难题。

科技还能提高社区的治理水平。比如,苏州目前推广的城市停车诱导系统(PGIS),有效形成了"防范技术融合应用、巡防时空无缝对接、锁定目标全网追踪、防控区域覆盖城乡"的技防巡控网络。系统以电子地图的形式,将城市的每条街道及其中的各类信息囊括在内,点击图标就能显示建筑物的基本信息和实地照片。进入建筑物后能看见某幢虚拟楼房房屋的内部结构和人员信息,相关情况一目了然。这样就可以对社区进行有效巡护,提升农民集中居住社区的治安水平。

3. 运用现代网络技术开展社区治理与服务民生

网络社会的到来,对居民之间的交流也产生了积极影响。不少社区运用现代网络技术,促进居民之间交流,实现共建共治共享。普遍的做法是建立社区党员QQ群,通过QQ群及时了解社情民意,方便党员群众参政议事;开辟网上"微社区",创新管理与服务方法,居民足不出户就可以了解社区热点与动向,参与讨论,建言献策,参与监督,等等。

近些年来,苏州一些农民集中居住社区也积极探索,运用科技方便居民的生活。很多社区设置了微信便民小程序,提供了便民服务、预约服务、特殊人群服务等多项内容,居民按照实际需求提前预约,即可实现预约社区活动室,物业上门收缴物业费、停车费等。有的社区更先进,推出了"指尖套餐"——智慧社区小程序,该小程序集"智慧门禁""智能预警""智享服务"三大功能于一体。通过小程序,小区网格员及居民可在小区"微治理"、公共区域维修处主动上报发现的车辆违停、门口堆放杂物等情况,物业会在接收信息后第一时间进行处置。

4. 推行智能化的公共服务

苏州在全市层面推出智能化的公共服务,通过社区公共服务综合信息平台建设,实现一号申请、一窗受理、一网通办,强化"一门式"服务模式的社区应用。居民要办理的很多公共服务可以在社区与街道解决,这极大地方便了农民集中居住社区居民的生活。

第三节 农民集中居住社区"四治并举"存在的问题

目前农民集中居住社区"四治并举"取得了很多成效,但是也存在不少问题,制约着社区治理的效果。经过调研,笔者发现有以下一些问题。

一、自治方面的问题

1. 居民参与意愿不足

社区自治是社区所有居民的自治,而不是居委会的自治。居委会的主要任务是引领居民自治,而不是代替居民自治。但是在很多农民集中居住社区,居民参与意愿严重不足,这就严重影响了社区自治的开展。笔者对5个农民集中居住社区200名居民的调研证实了这一点。

由表5-2可见,农民集中居住社区居民参与社区活动的意愿不是很高,在社区宣传活动、社区志愿服务活动、社区卫生健康活动、社区文化娱乐活动四个方面,参与的人数均没有超过半数。笔者调研发现,居民参与人数不足的原因有以下几个方面。其一,集中居住后,社区由"熟人社会"变成"陌生人社会",人际关系发生很大的变化,从总体上讲,人际关系走向陌生,影响了居民参与的积极性。尤其农民不习惯跟陌生人打交道,因此,参与意愿大大降低。其二,群体规模变大,导致居民凝聚力下降,影响了参与热情。传统农村社区群体规模小,农民拥有相对共同的利益,参与社区事务心理上也有较好的预期。但在农民集中居住社区,利益分散化,居民弄不清楚参与的目的,自然影响了参与的热情。其三,居民缺乏参与动机。从法理上讲,居民参与有两种动机模式,即自利模式与世界观模式。自利模式是因为自身利益夹杂其中,参与是为了获得更好的利益,包括长远利益与短期利益。世界观模式是基于某种热爱而进行的参与。我国目前社区自治尚处于起步阶段,很多社区居民的参与属于自利模式,尚未达到世界观模式的境界。农民集中居住社区更是如此,大部分居民素质还达不到世界观模式,尚停留在自利模式,之所以参与,是因为和自己的利益相关。在"熟人社会"的农村社区,即使建立在自利的基础上,农民也有很强的参与动机,因为社区的事务与其自身利益是息息相关的,比如,股金分红、土地承包等都与自身利益相关,因此,农民有很强的意愿参与其中。但在农民集中居住社区,即使是自利模式,居民也缺乏参与动机,因为不清楚参与带来的实际益处。奥尔森的集体行动理论可以清楚地阐释这一点。农村社区是一个小群体,因为群体规模小,群体中的每个人都很重要,所以每个人的效能感相对比较高,他认为自己参与了,会在很大程度上影响整个状况，参与的回报率会比较高。但是在农民集中居住社区，群体规模大，参与效能感与回报率都大大降低了。

表 5-2 农民集中居住社区居民参与社区活动的意愿调查表

问题	人数/人	百分比/%
您愿意参与社区宣传活动吗？	63	31.5
您愿意参与社区志愿服务活动吗？	56	28.0
您愿意参与社区卫生健康活动吗？	75	37.5
您愿意参与社区文化娱乐活动吗？	91	45.5

2. 基层减负任重道远

在我国，社区治理的最大难题是基层负担过重。近些年来国家一直致力于破解这一难题，苏州的"政社互动"也是对基层减负的回应，但是一些主客观因素影响了社区减负的效果，使得社区减负难以一蹴而就。其一，观念上的惯性。我国社区与政府之间存在依附与被依附关系，即使社区是自治组织，在双方各自的观念中，彼此的关系仍是不平等的。很多情况下，政府的行为有悖于"政社互动"的精神，但社区对此也不敢提出异议，只能照单全收。其二，地位上的不平等。由于社区没有经济实体和财政权，社区所有的经费都要通过政府拨给街道，街道再发给社区。因为社区需要靠政府、街道下拨的经费生存，所以不可能和两者站在平等的位置上进行互动。街道与社区本应是指导与被指导的关系，但是在现实中往往演变成了领导和被领导的关系。

二、法治方面的问题

1. 社区法治规则不健全

我国社区在法治中，一直沿用的是《中华人民共和国城市居民委员会组织法》，法律条文有一定的滞后性，导致目前社区治理的主要依据是政府的通知、方案、纲要等。基层政府也习惯下达命令给社区，使社区疲于应付。我国社区治理处于看似有法可依、实则无法可依的现状，在一定程度上说明目前我国社区治理行政化大于法治化，法治建设仍任重道远。

2. 社区工作人员法治化意识淡薄

不少农民集中居住社区工作人员来自原农村社区，本身法治化意识比较淡薄，又没有经过系统的法律培训，也没有参与过法律实践活动，因此习惯于用简单、粗暴的方式解决问题，把居民合理维护自身权益的行为当作刁蛮行为。

3. 法律监督不足

在大部分农民集中居住社区的治理中，缺乏相应的法律监督。除了"条线"上的考核指标，缺乏其他的监督手段。党务公开、政务公开等都缺乏必要的监督，部分农民集中居住社区的状况甚至还不如之前的农村社区。社区自治本身就处于"软约束"状态，再加上监督不足，大大影响了法治效果。

4. 德治与法治的错位

目前部分农民集中居住社区存在一些德治与法治的错位现象，即把法治层面的问题，以德治方式予以解决。以高空抛物为例，该行为存在一定的安全隐患，靠说教不能从根本上解决问题，只有出台相关法律才能治本。在社会资本雄厚的社区，人们之间熟识，社会舆论确实可以发挥作用，减少该类现象的发生。但是在社会资本薄弱的社区，德治作用大打折扣，不能仅仅依赖法治。

5. 标准化体系缺乏

我国社区治理方面的法律相对比较宽泛，加强标准化体系建设十分有必要。比如，流浪猫狗问题、社区养宠物问题、垃圾分类处理等，都需要强有力的标准化体系。以流浪猫狗问题为例，流浪猫狗在社区之间经常乱窜，很多农民集中居住社区的居委会对此也束手无策。解决流浪猫狗问题需要市级层面统筹规划，制定标准化体系，厘清各方职责，发挥体制的合力，仅凭社区之力，只能治标不治本。

垃圾分类处理更是如此。一段时间以来，管理垃圾分类处理的主力军是社区。社区基本上靠说教方式让居民垃圾分类，但是说教方式起到的作用又很有限。垃圾分类需要标准化体系，为相关的治理保驾护航。笔者对农民集中居住社区工作人员进行采访，其回答是这样的：

> 当垃圾分类缺乏强制措施时，我们只能倡导与说教。有的居民跟你关系比较好，碍于"面子"，会听你的，但当你不在时，他也不会自觉分类投放垃圾。与你关系不好的居民，根本就不理睬你。我觉得像垃圾分类投放这种事情，要依靠整个社会层面与制度解决，我们社区在其中只能是做好自己的本分工作。

商铺管理问题也是如此。缺乏标准化体系，管理起来也是困难重重。

某农民集中居住社区有一片商铺,衍生了很多问题,如乱丢垃圾、噪声问题等,由于紧挨社区居民楼,给居民造成了十分恶劣的影响。居委会曾经介入这一问题,但因为缺乏强制性措施,效果不是十分理想。商铺的业主经常问的一句话是:"你凭什么管我们?"社区成立了志愿者队,对商铺周围进行巡逻,但是很多商铺不买账,甚至发生了冲突。

因此,在法规之下,建设合理的标准化体系尤为重要。江苏省目前正在做这方面的努力。江苏省率先在全国开展"执法管理标准化"项目,在法律框架下,制定执法标准体系。执法标准体系十分具体,分为岗位、行为、裁量、保障四大类,包含57小类,总共涵盖995项标准规范。执法标准体系成为执法的主要依据。这一举措,大大减少了民警执法的随意化现象,缓解了社会矛盾,也提升了公安机关的执法服务水平、公信力和效率。目前这一标准体系已经逐步推向全国。江苏"执法管理标准化"也给社区治理指明了方向。只有建立健全的标准化体系,社区治理的法治化才能有所保障。

三、德治方面的问题

1. 社会资本的孱弱

德治能够发挥作用,与社区社会资本是息息相关的。舆论、声望等发挥作用,在很大程度上得益于"熟人社会"的环境。但是农民集中居住后,"熟人社会"不复存在,环境发生了很大变化,与之相应的是社会资本的减少。最直观、最明显的是,过去谁家有个困难,邻里们马上会嘘寒问暖,给予帮助。但集中居住了以后,邻里之间没有更多的情感联结,提供帮助与嘘寒问暖无从谈起。

2. 乡贤的消失

农民集中居住社区的前身是农民社区,乡贤在社区治理中发挥了重要作用。我国历史上的传统农村社区治理也是村民自治,村民自治是一种群体行为。与其他任何群体行为一样,传统农村社区治理具有一定不均衡性,即治理的过程不是一个绝对平等的过程,尽管是公众参与,但并不意味每个人具有同样的话语权。在村民自我组织与自我管理中,一部分人起的作用要比其他人更大,这部分人就是通常所指的乡贤。乡贤一般是农村社区的领袖、有威望者、家族族长、乡绅等。乡贤在村庄自治中的作用非常大,以至于费孝通先生把社区自治描述为士绅自治。乡贤有时以个体的形式发挥作用,有时以组织的形式发挥作用,比如,有的村庄设立"议事会","议事会"由村领导、乡绅、家族有威望者及部分长者等组成,定期召开会议,对村里的公共事务做决策,类似于今天的村委会。

乡贤在社区治理中虽然不起主导作用,但作用不可忽视,他们在社区纠纷调解、环境治理、治安维护中的地位举足轻重。但是农民集中居住后,社区原有的人际网络被打散,加之社区规模变大,不少原村中的乡贤,要么不愿意参与社区治理,要么缺乏为社区做事的渠道。

四、智治方面的问题

不可否认,科技改变了人们的生活,也改变了社区治理模式。在农民集中居住社区的治理中,科技提高了治理效率,给人们带来了更多的便利,但也存在诸多不尽如人意的地方。一是数据的反复采集问题。目前我国很多"条线"数据采集的重担都压在社区身上,社区反复采集相关数据,一方面影响了社区为居民服务的精力,另一方面也给居民带来了很大的不便。农民集中社区的数据采集任务往往更重,除了居民"人户分离"带来的麻烦,还有很多流动人口带来的采集困难。二是居民对科技的适应问题。农民集中居住社区居民对科技的敏感度不高,不适应科技的更新,其中老年人尤为明显。比如,一些老年人不会使用网络,但是目前很多部门办公要求必须网络化,因此,状况可能比原来没有网络时更糟糕。三是科技缺乏人文关怀问题。部分管理者利用科技手段方便居民,初衷是好的,但是在具体实施中缺乏人文关怀。比如,在社区微信小程序上,有的字非常小,老年人看不清,有的程序太烦琐,居民使用起来非常不方便。

第四节　如何进一步推动农民集中居住社区的"四治并举"

一、推动自治

1. 科学地调动居民参与

当前在农民集中居住社区,要开动脑筋想办法让居民参与社区治理。居民的参与动机不尽相同,因此,调动参与的手段也需要多样化。一是兴趣参与。要利用兴趣调动人群参与的积极性。尤其农民集中居住社区有着大量的流动人口，兴趣是流动人口参与社区治理的重要因素。二是公益参与。按照马斯洛的需求理论，人们在生理需求与安全需求得到满足之后，更注重归属需求、尊重需求与自我实现。农民集中居住社区有部分居民学历较高，经济状况较好，这为公益性参与奠定了一定的基础。一些农民集中居住社区辖区内有不少全职妈妈，她们有开展公益服务的精力，也是潜在的公益服务人员。对于这些人群，要开动脑筋创造条件让她们参与社区治理。三是互利参与。对于一些服务领域，可以用"爱的交换"的形式调动居民参与的积极性。"爱的交换"不是强调单方面的付出，而是强调彼此付出，比如，时间储蓄或者类似积分制等形式，容易调动居民参与的积极性，同时也营造良好的社会氛围，一举两得。

在第三节中，笔者谈及了农民集中居住社区居民不愿参与的重要原因在于社区规模变大，从"熟人社会"走向"陌生人社会"，产生了著名经济学家曼瑟尔·奥尔森所揭示的"集体行动的逻辑"。那么如何突破呢？奥尔森已经给出了答案——选择性激励或者"化大为小"。"化大为小"就是把大群体分解成小群体，克服大群体的弊端。一个集团可以被分成几个小集团，每个小集团都出于某种理由与别的集团一起组成一个大集团的联邦。[1] 曼瑟尔·奥尔森的理论运用到农民集中居住社区中，就是在集中居住的前期，农民可以以原有村庄为单位进行参与，每一村庄的参与者形成参与小群体，若干个小群体合并成农民集中居住社区的"大联盟"，可以在一定程度上提高居民的参与度。

2. 切实为社区减负

苏州的"政社互动"取得了较大的成绩，但是也存在不尽如人意的地方。为此还需要进一步细化，切实为社区减负。其一，政府部门的权力清单不应该仅仅局限于其所要履行的职责和要求基层自治组织协助的工作，更应该细化到对政府各个部门的职权限制和职权清单。要厘清各级政府部门的权力范围，同时也要厘清各级政府之间的关系，在上下级政府及同级政府之间建立良好的互动关系。只有着力解决好政府权力这个"源头"问题，政府才能更好地引导基层自治组织开展工作。其二，除法律和国家明确规定的任务和职责，以及涉及社区居民生命财产安全

---

[1] 曼瑟尔·奥尔森. 集体行动的逻辑 [M]. 陈郁，郭宇峰，李崇新，译. 上海：生活·读书·新知三联书店上海分店；上海人民出版社，1995.

的紧急事件外，凡是政府部门需要居委会协助的或者委托给居委会的事项都应该进行准入审核，通过"申请—审核—签约—备案"的方式，使"下沉"到社区的事务真正使社区受益。其三，把"政社互动"纳入社会监督的范围，引入媒体监督和互联网监督。

二、推动法治

1. 加强社区法治建设

推动自治的首要环节是给予基层充分的自治权力，并给予必要保障。目前国家正致力于这方面的努力，并出台了相关文件。《中共中央国务院关于加强基层治理体系和治理能力现代化建设的意见》（以下简称《意见》）指出，依法赋予乡镇（街道）综合管理权、统筹协调权和应急处置权，强化其对涉及本区域重大决策、重大规划、重大项目的参与权和建议权。根据本地实际情况，依法赋予乡镇（街道）行政执法权，整合现有执法力量和资源。[1]《意见》为社区法治建设提供了有力保障，对于农民集中居住社区法治建设是一个福音。农民集中居住社区可以贯彻《意见》的精神，不断完善社区法治建设。

2. 加强标准化体系建设

对于较为棘手的问题，如流浪猫狗问题、社区养宠物问题、垃圾分类处理等，要通过加强标准化体系建设予以解决。如何强制执行垃圾分类处理、罚款的标准等，必须在标准化体系中有所体现。关于流浪猫狗问题，也要有标准化体系予以支撑，这样农民集中居住社区在处理这些问题时，才能有据可依。

3. 加强区规民约

区规民约是社区的"小法"，是居民自治的"蓝本"，是德治与法治的结合体。其实质是用"德"的手段推行法，把"德"的内涵压缩到"法"的形式上，打造法之外形、德之内涵的理想境界。

在传统农村社区中，村规民约是社区治理的重要手段，这在我国古代早已存在。据文字资料记载，我国周代就有邦国之内的州长、党正、族师及属地里的人民一起听人诵读邦法的记载。[2] 村规民约内容比较

---

[1] 中共中央 国务院关于加强基层治理体系和治理能力现代化建设的意见[EB/OL].(2021-07-18)[2023-08-21].http://www.gov.cn/zhengce/2021/07/11/content_5624201.htm.

[2] 瞿振元，李小云，王秀清. 中国社会主义新农村建设研究[M]. 北京：社会科学文献出版社，2006.

广泛，涉及公共资源、公共道德、个人行为等。虽然部分村规民约是以一定的经济惩罚作为基础的，但是往往处罚力度并不大。在不少村庄，有的惩罚措施仅仅是制止违规行为。这种处罚力度基本产生不了任何威慑力，也制止不了任何违规行为。但是村民们遵守村规民约，这在很大程度上归功于社区舆论。在任何传统农村社区中，都不乏从不遵守社区公共规则的"另类"。对于这些"另类"，传统农村社区依靠强大的舆论对其约束。例如，这类人及其家庭在社区中处处受掣，村民都避着他们。在乡土社会封闭的"小环境"下，这种被孤立的后果比较严重，因此，社区舆论在制止违规行为上能够发挥重要作用，甚至比经济惩罚效果要好得多。

由于时代不同，加之农民集中居住社区变化较大，社区舆论作用减弱，当下区规民约的效力显然没有村规民约那样强，这是一个不争的事实。但是区规民约仍不失为社区法治与德治相结合的一个好手段，仍可以发挥重要作用，当下我们应借鉴和利用传统村规民约的长处。笔者认为，当前完善区规民约需要重视两个环节。一是区规民约的形成，要经过全体居民的商议。只有居民自身参与并认同的规定，才能真正发挥效力。学者德拉格诺夫认为，人们卷入一个决策的程度越深，在执行这一决策时的积极性就越高，因为他们感觉到自己是决策中的一员。[1] 学者坎纳扎瓦认为，当一般居民认为是他们自己而不是精英或者政府在创造规则时，他们会更积极地看待系统，并对其他居民对规则的遵守持乐观的态度。[2] 当下在农民集中居住社区中，社区协商民主如火如荼地开展，可以将区规民约的制定同社区协商民主相结合，二者相互促进。二是区规民约的内容不能泛化，要具体，要结合社区实际，敢于直面社区的"痛点""难点""堵点"，这样的区规民约效能才能实现最大化。只是简单地套用口号和执行一些泛泛规定，意义不大。

4. 提高社区工作人员的法律意识

针对部分农民集中居住社区工作人员的法律意识比较淡薄的状况，要采取针对性的措施进行改善。首先，在入职环节，要加强对法律知识与法律意识的考核。其次，对现有社区工作人员，要加强法律意识的培

---

[1] Draganov, M. On the Interdependence between Participation in Decision Making and Participation in Its Implementation[M]. International Sociological Association (ISA), 1982.

[2] 迈克尔·麦金尼斯. 多中心治道与发展[M]. 毛寿龙，译. 上海：上海三联书店，2000.

养。最后,街道层面要经常给予农民集中居住社区法律指导。

5. 加强法治监督

鉴于农民集中居住社区缺乏法律监督的状况,建议采取以下措施。首先,规范治理体系,尽快出台农民集中居住社区规范化治理的标准化体系,加强监督工作。其次,加强区务公开,社区重大事项要向居民公示,重要事项应做好台账留痕。最后,加强社会监督与媒体监督,并把社会监督与媒体监督情况纳入社区考核指标。

三、推动德治

1. 发挥乡贤的作用

推动德治的首要之举是发挥乡贤的作用。2018年中央一号文件《中共中央国务院关于实施乡村振兴战略的意见》部署强调,要培育富有地方特色和时代精神的新乡贤文化,积极引导和发挥新乡贤在乡村振兴特别是在乡村治理中的积极作用。笔者认为,这一条不仅对乡村有用,对农民集中居住社区也是极有价值的。对于乡贤,利用与挖掘要双管齐下。

首先,要利用好乡贤,对已有乡贤,要采用多种方式使其发挥作用。比如,开设议事屋,聘用乡贤为社区治理出谋划策;开设调解室,利用乡贤为居民调解纠纷。对于集中居住前各村的乡贤,居委会要主动把他们请出来,成立议事委员会,即乡贤团。集中时,议事委员会(乡贤团)负责整个社区的事务,分散时,乡贤各自偏重原各村居民的事务,这样就可以科学地解决原有乡贤不愿意或者没有渠道为整个大型农民集中居住社区做些事情的困境。

其次,要充分发掘和培养乡贤。如何发掘和培养乡贤?这需要一定的技巧。笔者认为需要逆向思维,可以把一些社区"刺头"培养成为乡贤。对于"刺头",目前政策以安抚为主。比如,我国珠海社区建设的"四门行动",就体现了这一点。"四门行动"是敲门、串门、叩门、守门。敲门:常敲空巢老人门,嘘寒问暖送爱心。串门:常串困难群众门,排忧解难送贴心。叩门:常叩"意见人士"心灵之门,沟通疏导送舒心。守门:常守居民小区门,安全防护送安心。"四门行动"中的叩门,就是安抚"刺头"的举措。但笔者认为,仅有安抚是不够的,在安抚的基础上,动员他们投身社区建设,让他们为社区出谋划策,让他们从"刺头"转变为乡贤才是最高境界。

2. 实行项目推动

从发达国家的实践来看，利用项目推动，孵化社区社会资本实施德治是一个极好的途径。在项目实施中，居民开展合作，能够产生信任、建立友谊等。近些年来，我国不少地区已经实施项目推动，在养老、助学、环保等领域推出各种项目，由居委会或其他社会组织带领居民共同完成。笔者曾参与苏州某社区"爱河护河"项目，这个项目极具典型性。该社区内有一条河流，由于人们乱扔乱排放，河流较脏。居民骨干组织一些热心居民申报政府组织的"特色社区"项目。项目立项后，社区招募志愿者组成"护河队"，"护河队"轮流值班看护，监督居民的乱扔乱排放行为，同时制作专门的宣传标语与手册，发放给居民，进行宣传。在全体居民的共同努力下，河道逐渐变得清洁起来。更为重要的是，在该项目的实施中，社区社会资本得以快速"增值"。在我们的采访中，一位居民如是说："大家都这么熟了，再乱扔就不好意思了。"这句话充分证明了项目在推动社区社会资本方面的成效。

3. 实施制度激励

对于利用社区社会资本满足居民需求的做法，要给予制度上的激励，这样可以更好地强化社会资本。比如，可以将一些邻里互助养老服务行为纳入政府购买服务范畴。如果邻里确实能够照顾老年人生活，对老年人帮助很大，经当事老人同意，可以把补贴发给邻里。这样一是可以使老年人得到帮助；二是可以用补贴鼓励邻里的这种行为，对于弘扬社会正气有重要作用；三是可以使社会资本得以彰显与发扬，如此举措，可以达到一举三得的效果。

4. 推行刚柔并济

加强德治还需要辩证处理德治与法治之间的关系，在社区治理中刚柔并济，德治是柔性约束，自治是内生约束。刚柔结合，往往效果更佳。要充分结合自治、法治、德治的特点，尤其结合法治与德治二者的特点，有针对性地治理。[1]

对于一些明显损害公共利益的违法行为，绝不手软，绝不姑息养奸。对于一些"中间地带"，则需要采取相对灵活的手段，标准化与人性化相互结合，取得更好的效果。以垃圾分类为例，就需要刚性政策与柔性政策的有机结合。笔者曾经调研过一个社区，该社区的做法值得深思。

---

[1] 向此德."三治融合"创新优化基层治理[J]. 四川党的建设，2017(20):46-47.

垃圾分类伊始，该社区对垃圾分类制定了较为刚性的政策。垃圾实行四分法，即回收物、有害垃圾、厨余垃圾、其他垃圾。时间在早上两个小时内，晚上两个小时内。对在规定时间外乱倒垃圾的行为，有摄像头监控，并定期曝光。在规定时间之外，专门有人值班，监督居民的乱倒垃圾行为。笔者为此还产生了疑问：既然在法定时间之外有人监督倒垃圾，那为什么这个人不能帮助回收垃圾呢？

刚性政策执行下来效果并不理想。不分类扔垃圾的违规行为非常多，部分居民在法定时间以外将垃圾不分类堆放在垃圾房周围，甚至有的居民把没经过分类的垃圾丢入马路旁的公共垃圾箱内。

社区工作者走访了居民，进行了调查，调研下来，发现了以下问题。一是垃圾四分法确实非常烦琐，导致居民家里要堆放数个垃圾桶。而实际上，有害垃圾与其他垃圾数量非常少，将厨余垃圾与可回收垃圾分开，再清理其他两类垃圾就相对容易了。二是部分居民不分类，并非因为居民素质低下，有的时候是因为没赶不上投放时间。在社区治理中，有的时候我们确实把复杂问题简单化了，但是很多情况下也会把简单问题复杂化。

基于这两点认识，社区在不违反原则的情况下，适度"柔性"处理：一是允许适度的垃圾两分法，在入桶时，由负责的工作人员对其中的有害垃圾与其他垃圾再次分类；二是对赶不上规定时间扔垃圾的居民，适度延长时间，允许其将垃圾分类好后放在垃圾房旁，再由工作人员进行处理。

这些柔性政策看似"违规"，但实际效果要好得多，居民遵守率反倒大大提高了。另外，同样在法定时间以外倒垃圾，以前多是混合垃圾，而执行柔性政策后基本上是分好类的垃圾，这样工作者就比较省事。当然这只是权宜之计。但是不可否认的是，在居民素质还未充分达到较高水平的情况下，适当考虑一下实际，采取变通政策，反而能取得理想的效果。

当然，关于垃圾分类，还可以采取更人性化的措施，借助市场化的运作，使居民有更多的选择性。比如，可以推行垃圾分类的市场化——居民可以不将垃圾分类，按照以往的做法把垃圾放在门口，每个月缴纳50元，由专业的人员帮助分类。有的居民愿意通过交钱，使自己省去很多麻烦。满足一定的人数后，就可以形成产业，对专业的人员，也是一件好事，双方各得其所。这给了我们一个启示，就社区治理而言，好的政策应该是有选择性与弹性的，刚柔结合，刚柔并济，更符合人性。

四、推动智治

1. 进一步整合数据库

在农民集中居住社区，今后要完全整合与打通部门之间、区域之间的数据库，减轻社区的额外工作量，方便居民的生活。《中共中央国务院关于加强基层治理体系和治理能力现代化建设的意见》指出，进一步整合数据资源，实施"互联网+基层治理"行动，完善乡镇（街道）、村（社区）地理信息等基础数据，共建全国基层治理数据库，推动基层治理数据资源共享，根据需要向基层开放使用。完善乡镇（街道）与部门政务信息系统数据资源共享交换机制。推进村（社区）数据资源建设，实行村（社区）数据综合采集，实现一次采集、多方利用。[1] 这为农民集中居住社区进一步加强智治指明了方向。

2. 加强科技辅导

针对农民集中居住社区的一些居民对科技的敏感度不高，跟不上科技发展步伐的情况，要给予这部分居民适当辅导，为其增能，使其更好地适应新环境。要利用社会组织接地气的特点，由社会组织为居民增能。苏州目前有很多致力于科技辅导的组织，在各个社区、各个领域发挥了不同的作用。目前兴起的老年人手机使用科普组织就是一例。该组织致力于用通俗易懂的方法辅导老年人使用手机，并已经在多个社区开展了业务，取得了良好的成果。对于这样的社会组织，建议政府加大购买服务力度，让其在社区治理中充分发挥作用。

3. 推进科技以人为本

在农民集中居住社区，要倡导科技以人为本的理念。在科技的应用中，要加强科技与人性的耦合。在产品与程序出台前，提高农民集中居住社区使用者的参与度，听取使用者的意见，从而使产品与程序更加符合使用者的需求。应加强对农民集中居住社区居民特质的研究，开发一些有针对性的产品与程序。

---

[1] 中共中央 国务院关于加强基层治理体系和治理能力现代化建设的意见[EB/OL].(2021-07-18)[2023-08-21].http:www.gov.cn/zhengce/2021_07/11/content_5624201.htm.

第六章

社区服务

农民集中居住社区被纳入城市社区管理后，其社区服务也逐渐城镇化。但是因农民集中居住社区具有过渡性质，相应的社区服务体系建设也处于过渡状态，公共服务、物业服务、居民"自组织"服务、专业化服务均处于不均衡的状态。本章主要对农民集中居住社区的社区服务情况展开分析。

第一节　农民集中居住社区社区服务的状况

社区服务是个体系工程，包含众多环节，其中有政府提供的公共服务、逻辑上属于市场化的物业服务、居民"自组织"服务、多元主体提供的专业化服务。目前在苏州农民集中居住社区，经过调研，四种服务总体状况如下。

一、农民集中居住社区公共服务的状况

社区公共服务指政府、居委会及社区等其他各方面力量直接为社区成员提供的公共服务和其他物质、文化、生活等方面的服务。主要涉及教育、医疗卫生、社会保障、交通服务、公共安全服务、基础设施等。严格来说，很多社区公共服务与社区无关，只是落地在社区。总体而言，苏州作为我国社会经济发达的城市之一，其农民集中居住社区的公共服务还是比较到位的。

1. 公共服务接轨城市

苏州是我国城乡一体化开展得最好的城市之一。早在 2021 年，苏州

城乡居民收入差距为 1.93∶1，为全国最低。[1] 20 世纪初，苏州就积极探索"三集中""三置换""三合作"等做法，为全国各地的城乡一体化的发展提供了很好的参照。2013 年，苏州被列为我国城乡一体化发展综合改革试点。

苏州城乡一体化的融合发展，为农民集中居住社区的公共服务奠定了良好的基础。苏州在推行农民集中居住的过程中，做好了事先规划，在教育资源配置、医疗资源配置、公共设施资源配置、文化资源配置等方面，基本上实现了与城市社区的接轨，为居民提供了比较周到的服务。一段时间以来，农民集中居住社区公共服务资源短缺的情况在我国成了焦点问题，而苏州这方面相关的负面新闻较少。

在教育资源配置方面，苏州农民集中居住社区已经与城市完全接轨。苏州事先规划好学校与学区，公开透明，井然有序，充分满足居民九年制义务教育的需要。在医疗资源配置方面，苏州按照相关标准配置社区卫生服务中心。社区卫生服务中心除了为居民提供常规的医疗服务，还推出了签约"家庭医生"活动，即社区卫生服务中心与老年人家庭建立签约服务关系，为老年人提供连续性的健康管理和医疗服务。目前苏州 80 周岁以上老年人已经全部签约"家庭医生"，目前正扩大其他年龄段老年人的覆盖面。同时，"家庭医生"为行动不便的居家老人提供上门医疗和护理服务项目，开设"家庭病床"。在公共设施资源配置方面，苏州从一开始就坚持高起点，农民集中居住社区与城市无缝对接。在道路交通、污水处理、通信网络电视、路灯、绿化、垃圾处理方面，农民集中居住社区都与其他城市社区无异。在文化资源配置方面，每个农民集中居住社区基本上都设有一站式服务中心，一站式服务中心提供图书阅览活动、老年活动、党建活动、健身活动等，有的社区还专门修建了婚丧喜庆的场所，充分满足居民的文化生活需要。

2. 社区政务服务开始走向全科社工模式

在苏州部分社区，居委会负责居民自治事务，即治安维护、环境卫生、纠纷调解等。社区工作站则负责政府"条线"上的业务，主要有计生卫生、残联老龄、劳动保障、社会救助、综合治理等几大板块，每一个社区工作站都设置专门窗口，办理相关业务，为居民服务。农民集中

---

[1] 中国经济网.（2013-03-15）[2023-08-21]. http://district.ce.cn/newarea/roll/201303/15/t20130315_24201727.shtml.

居住社区运行伊始，社区架构就与城市接轨，居委会与社区工作站各司其职。然而，这种模式在实践中呈现出效率低的一面。其一，"一站一居"（一个社区工作站对应一个居委会）浪费人力资源。其二，在社区工作站中，一个工作人员对应一个"条线"，可能导致某个窗口人满为患而另一个窗口冷冷清清的不均衡状态，也可能出现因某个窗口工作人员缺勤而导致居民无法办理业务的情况。

为精益求精地为居民提供服务，目前，在社区承担的国家"条线"方面的政务性服务方面，苏州已经开始全面推行全科社工模式。全科社工的显著变化在于以下两个方面：一是相邻社区的社区工作站适当合并，由"一站一居"变为"一站多居"（一个社区工作站对应几个居委会），合并后，剩余的社区工作者为居民服务；二是在社区工作站中，由一人对应一个"条线"变为一人对应多个"条线"，所有工作人员须掌握各项业务，能负责各个窗口的业务，克服"一人一条线""画地为牢"的弊端。这样又可以精简一部分人员，夯实社区自治力量，更好地为居民服务。

为了方便居民办理业务，苏州的很多农民集中居住社区还设置了代办点与委托办理业务。居民将要办理的业务交由代办点或者网格员代为办理，让居民"少走路"甚至"不走路"。

二、农民集中居住社区物业服务的状况

农民集中居住社区的前身是农村社区，一般没有物业，社区的保安、保洁、绿化等都是社区"自组织"安排。因此，在农民集中居住社区，物业服务是一个相对崭新的概念，集中居住以后，物业成为居民面对的新话题。

1. 从不收取物业费到逐步收取物业费

农民集中居住社区不同于商品房社区，很多居民是"被上楼"，对物业的概念比较陌生，对物业费也较为抵触。因此，很多社区开始时是不收物业费的，物业只提供一些简单的服务，费用由政府（街道）承担。后期逐渐开始收取物业费，这其中有三个方面的原因。一是按照契约精神与现代社会规则，既然农民集中居住社区纳入城市社区管理，那么收取物业费也就顺理成章。二是很多农民在征地安置后分到两套乃至多套住房，把多余的住房出售已经常态化。对拆迁安置的农民不收物业费尚有情可原，但是对房屋出售后的居住者不收物业费，在情理上说不

通。三是随着社会的进步与居民生活水平的提高,农民集中居住社区物业管理方面发生了一些新变化,比如,私家车的增加导致空间的竞争。不收取物业费将会造成社区空间的无序甚至混乱。事实上,一段时间以来,在部分农民集中居住社区,私家车的无序乱停已经成为大问题,与免收物业费不无关系。

2. 从政府托底物业到逐步走向市场化

由于农民集中居住社区的过渡性,物业管理的情况复杂多样。一部分社区已经纳入市场化物业,完全与城市社区相同。一部分社区则是政府"托底物业",其中还包括三种情形:一是政府出资兴办物业,为居民服务;二是政府采取购买服务的形式,邀请与其关系比较好的物业为居民服务;三是政府对外招标物业公司,但拥有一部分"股份"。不少"托底物业"还考虑到了社会因素,如社区居民的就业问题,因而采取了一些人性化的措施。在不少农民集中居住社区,年龄较大的居民有社会保障金,年龄较小的居民可以打工,有一些"4050"人员[1]"两头都靠不到",他们不习惯工业,擅长农业,但在集中居住后又无地可耕,处境尴尬。在这种情况下,"托底物业"适当考虑到他们的需求,安排男的当保安,安排女的当保洁。由于政府"托底",物业费比较便宜,有的社区物业费甚至低至0.3~0.5元/平方米。

3. 从常规服务到温情服务、亲情服务、综合服务

农民集中居住社区物业费虽然比较便宜,但有的社区物业仍积极探索,不断创新,从常规服务走向温情服务、亲情服务、综合服务。温情服务具体表现为如下形式:很多社区物业开展"邻里节"等社区项目,通过形式多样的活动,如百家宴、趣味运动会、中秋晚会等,丰富居民的文化生活,拉近邻里关系。亲情服务具体表现为如下形式:有的物业在寒冷的天气为业主准备姜汤,在炎热的天气为业主送解暑绿豆汤,等等;很多物业联合居委会做一些惠民活动,如为居民免费理发、免费缝补衣服等;有的物业还为工作人员配置专用手机,部分工作人员24小时不关机,以便及时处理特殊情况,这些都体现了以人为本与人文关怀。综合服务具体表现为如下形式:有的物业已经开始尝试做大物业,即向社区服务演变,开展代购、旅游等业务;还有的物业联系周边商圈,尝

---

[1] 处于劳动年龄中段的劳动力,男的50岁以上,女的40岁以上,由于存在年龄劣势,在就业市场上缺乏竞争力。

试商业联盟，为社区居民（主要是老年人）提供理发、按摩等服务；一部分物业开始探索"物业+养老"服务。

三、农民集中居住社区居民"自组织"服务的状况

1. 居委会提供服务状况

居委会是我国法定的自治机构，其中一项重要职责就是引领社区居民，开展"自组织"服务工作，涉及环境卫生、治安维护、纠纷调解等。农民集中居住社区还有一定的特殊性，由于处于过渡状态，因此相比其他类型社区，居委会往往要付出更多时间和精力。除了跟其他类型城市社区有一些共性的东西，苏州的农民集中居住社区居委会在服务中有以下一些鲜明的特色。

其一，为更好地服务居民，居委会保持了一定的体制衔接性。农民集中社区前身是农村社区，考虑到这一点，部分地方在推行集中居住时，不像城市社区那样标准化，而是注重保持体制的衔接性，即农民集中居住社区原有的村干部适度留任，而且兼顾到原来的村庄，尽量考虑每一个村庄都有工作人员。另外，有关部门考虑到社区的转型需要一个过渡期，待社区运行平稳后，新聘人员也要酌情考虑本土化因素。在选聘新的工作者时，社区外人员与社区内人员相互结合。原有村庄中部分年轻、热心、能力强的居民竞聘社区工作者人员时，予以优先考虑。

其二，在认真调研的基础上，对社区居民实施分类服务。很多农民集中居住社区为了更好地开展工作，进行了详尽的调研，之后把社区人员分类，按照不同的类型，采取针对性的措施，以便事半功倍地开展服务工作。例如，部分农民集中居住社区把居民分为贫困户、老年人、残疾人、待业人员、党团员、育龄妇女、青少年、问题人员八大类，在此基础上力求实行个性化、零距离、全方位的服务。比如，对老年人提供"一对一"或者"多对一"服务，凡80周岁以上的老年人，生日时要给老年人送蛋糕。对贫困户、残疾人或因突发事件造成生活困难的居民，及时提供救助，帮助他们渡过难关。对待业人员，通过链接资源，举办专场招聘会，聘请专业人士辅导技能，开辟就业和创业绿色通道，引导其形成正确的就业观。对育龄妇女，给她们送知识、送药具等，指导科学生育……

其三，对拆迁户进行人文关怀，增强社区的归属感。针对一些拆迁户过渡期分散在外的情况，很多农民集中居住社区的居委会定期组织居

民"回娘家"，参加集体活动，开展座谈交流会，起到了强化联系与双向沟通的作用，形成了"房拆组织在、新居有关爱"的融洽氛围。

2. 居民志愿服务状况

随着社区建设的不断深入，志愿者队伍建设成为社区治理的重点工作。目前很多农民集中居住社区有成熟的志愿者队伍，他们活跃在社区各项事务中。有的社区志愿者队伍建设已达到体系化程度，形成了志愿者联盟。

📖 **案例1：某社区的"凝心"志愿服务联盟**

某社区是农民集中居住社区，在居委会的推动及居民的积极参与下，社区形成了"凝心"志愿服务联盟，下设8个团队。一是老娘舅调解队。该调解队帮助居民调解家庭矛盾、邻里纠纷，起到社区"消防器"作用。二是"沐春之约"文体队。该文体队下设舞蹈、合唱、腰鼓、戏唱等分队，除了自娱自乐，还给居民表演。各个分队之间还定期交流，取长补短。同时各个分队队员积极参与社区事务的治理。三是"凝心夕阳红"爱心探访组。该探访组定期探访社区80周岁以上的老年人，给他们送爱心与温暖。四是垃圾分类志愿队。该志愿队主要做以下一些事情：在垃圾桶旁值班，监督居民的垃圾分类行为；入户走访，宣传垃圾分类知识；身体力行，自觉践行垃圾分类，从而帮助他人养成良好的习惯。五是"凝心"青少年服务队。该服务队主要由社区青少年自发组成，主要任务是维护小区绿化环境及为社区做一些力所能及的事情。六是"凝心"护楼队。该护楼队每天傍晚在楼道巡视，保障楼道安全，同时入户访谈居民，了解居民诉求。七是老年活动室值班队。社区的老年活动室有乒乓球、围棋等活动设施，活动时间为每周一到周五下午1点至5点。值班队既是活动者，又是值班者，按时开门、关门、烧水、打扫卫生等。八是广场便民服务值班队。志愿者利用自己的专长，定期在广场上开展便民服务，如理发、维修小家电等。这8支队伍涵盖了社区治理的方方面面，为居民提供了大量的服务。

📖 **案例2：某社区的"八心联盟"**

跟上一个案例中的凝心志愿服务联盟类似，某社区的"八心联盟"由8个组织联合组成,也涵盖了社区治理的方方面面。一是"养心"服务队,职责是爱护社区绿植。二是"悦心"服务队,性质是"草根"乐队,职责是为居民表演。三是"仁心"服务队,职责是为居民量血压。四是"连心"服务队,职责是为居民免费理发。五是"爱心"服务队,职责是引导与教授居民读书与画画。六是"舒心"服务队,职责是为居民保健按摩。七是"暖心"服务队,职责是为居民缝缝补补。八是"匠心"服务队,被称为"修鞋达人",职责是为居民修鞋。值得一提的是,社区开展党建的品牌是"五心工作法":爱心、凝心、愉心、暖心、安心。"八心联盟"与"五心工作法"相得益彰,从名称上就被耦合进社区党建与社区治理之中。

值得一提的是,以上两个案例的志愿者联盟,尽管志愿服务的内容不一样,各有侧重,但都是根据社区特点因地制宜设计的,很好地满足了居民的需求。

在有的农民集中居住社区,社区在志愿服务领域积极开动脑筋,形成品牌。某社区的"社区匠人"就是其中之一。

案例3:某社区的"社区匠人"

作为一个农民集中居住社区,某社区选择"社区匠人"这一志愿服务品牌作为社区建设抓手,出于以下几个方面的考虑。一是社区的前身农村社区有不少能工巧匠,在未集中居住前,经常开展邻里互助。在城镇化集中居住后,能工巧匠在某种程度上搁置了自身的技能。让这些能工巧匠在社区治理中发挥作用,也是自我实现的需要。二是集中居住后,该社区的社区建设缺少抓手。匠人特长与社区建设结合起来,可以带动社区志愿服务,拉动居民参与。于是社区选定了"社区匠人"这一品牌,推动社区建设。确定品牌后,居委会在社区通过公开招募、定向推荐等方式,召集不同领域的匠人,包括艺术匠人、惠民匠人、巧手匠人、和谐匠人等,组成"匠人工坊",定期为居民服务,同时给这些匠人颁发证书;社区还通过义卖、服务体验等方式,动员社区其他居民参与,壮大志愿者队伍。

四、农民集中居住社区专业化服务的状况

公共服务主要承接国家"条线"上"落地"在社区的业务；物业服务主要围绕居民住房与居住环境展开；居民"自组织"服务围绕居民的日常生活展开。除公共服务、物业服务、居民"自组织"服务外，还存在一种服务，就是专业化服务，比如，心理健康服务、法律服务、居民增能服务、对特殊群体的服务等。对于这些相对高端的专业化服务，苏州利用多元主体（企业、社会组织、专业服务机构等），通过多元化途径予以解决。比如，在心理健康服务方面，通过政府购买服务的形式引进专业的心理咨询机构为社区居民提供服务，同时，积极发动社会力量为居民提供志愿服务。在法律服务方面，苏州采取政府购买的模式，请律师事务所负责一个或几个社区，为社区居民提供法律咨询等相关服务。养老服务是很多社区工作的重中之重，因此，一般由政府主导，整合社会组织、养老服务企业、志愿者等力量，依托日间照料中心与居家养老服务平台等，为老年人提供居家养老及社区养老服务等。

在多元主体中，最值得一提的主体是专业社会组织。苏州近10年逐步加大政府购买社会组织服务的力度，重点通过各种项目，让专业社会组织为弱势群体提供特殊服务及培养居民自我服务的能力。具体到农民集中居住社区，专业社会组织通过公益创投项目、社区党建为民服务项目、社区服务社会化项目、社会工作站与社区工作室建设等路径，给农民集中居住的社区注入活力，极大地盘活了社区建设，满足了居民的需求。

1. 公益创投项目

苏州于2012年开始推出公益创投项目，正式拉开政府购买社会组织服务的序幕。2012年，苏州民政局学习上海，引入第三方组织恩派公益组织发展中心，投入"福彩公益金"1 000万元（其中100万元用于恩派公益组织发展中心的第三方经费，900万元用于项目经费），开始公益创投的探索。公益创投有三个方面的宗旨：一是通过创意投标、项目运作、第三方评估等，培育和发展公益性社会组织，促进其规范治理，提升专业服务能力；二是满足社区和居民群众多样化、个性化的服务需求，促进社会和谐；三是将"福彩公益金"作为种子基金，通过公益创投，推动政府购买公共服务，建立政府和社会组织合作共赢的新机制，创新社会管理。公益创投拉开了苏州社会建设的序幕，推动社会组织参与社

区治理。自2012年后，苏州市级层面共计开展了5次公益创投项目。每个区、市（县级市）也都开展了微公益创投项目。由于苏州经济比较发达，很多街道与镇也开展了微公益创投项目。一时间，公益创投成为苏州社会建设的核心。公益创投的作用主要体现在社区服务方面，大量的专业社会组织"落地"社区，为老年人、残疾人、青少年、流动人口等群体提供了专业化服务。还有一部分"草根"社会组织在获得资金的支持后，或扩大了业务范围，或深化了服务内容，在不同方面为社区居民提供福祉。农民集中居住社区弱势群体比较多，因此，大量的公益创投项目在农民集中居住社区"落地"，或开展养老服务，或帮助残疾人走出困境，或助推流动人口融入社区，利用专业方法满足服务对象的需求……公益创投项目从不同维度满足了居民的需要，服务的过程中也让居民产生了凝聚力与归属感，可以说，公益创投项目间接提升了农民集中居住社区的治理水平。

2. 社区党建为民服务项目

除了公益创投项目，苏州还推出了社区党建为民服务项目。组织部门每年给予每个社区一定数额资金用于党建为民服务。很多社区利用这笔资金，以项目的形式，通过购买社会组织的服务造福居民。社区党建为民服务项目不仅满足了居民需求，对农民集中居住社区治理也起到了重要作用。与公益创投项目类似，社区党建为民服务项目也是通过为老年人、残疾人、青少年、流动人口等提供服务，为社区治理贡献力量。

3. 社区服务社会化项目

公益创投与社区党建为民服务项目虽然为苏州的社区治理带来了活力，但是其弊端也显而易见。一是资金少。一个公益创投项目资金最多十几万元，大部分微公益创投只有几万元，而社区党建为民服务项目资金更少。二是周期短。项目周期一般只有一年，时间很短，社会组织开展服务比较仓促，效果不是十分理想。三是覆盖面小。公益创投项目与社区党建为民服务项目只是针对某种特定人群（老年人、残疾人、青少年、流动人口等）展开服务，覆盖面比较有限，受益人群较少。四是不能解决深层次问题。公益创投项目与社区党建为民服务项目主要针对某类特殊对象提供服务，重点在服务，对社区治理涉及不多，因此难以解决社区的深层次问题。

为了解决这些问题，苏州学习借鉴珠三角等地的经验，按照"优化创投、扩大采购、街道打包、村居落地"的思路，向有资质的专业社会组织（社工机构）购买服务，探索开展城乡社区服务社会化。2016 年，苏州推出首批市级社区服务社会化试点项目，项目为期 2 年，由市福彩公益金分年度投入 1 440 万元，在苏州 5 个城区（姑苏区、工业园区、高新区、吴中区、相城区）、9 个街道、54 个社区先试行。9 家承接服务的社工机构实际共派出 80 名全职社工入驻社区，服务内容分为街道"4+X"（"4"意为提供专业化服务，搭建"三社联动"实体化平台，提升社区工作者专业能力，探索建立社区公益金，X 为自选），社区"3+X"（"3"意为社区需求调查与分析，促进社区互动与居民参与，提升社区组织化程度，X 为自选）两大"基础包"。[1] 在市级试点的牵引下，昆山市、太仓市、张家港市等也纷纷跟进。

截至 2018 年 9 月，苏州市级层面社区服务社会化共开展了 3 届（表 6-1），市级层面累计投入 5 470 万元，全市累计投入 1.5 亿元，覆盖 10 个区（市）、90% 的街道（镇）、400 多个社区（村），共有 65 家专业社工机构、800 名全职社工下沉社区，采用"个案、小组、社区"等专业方法，分别提供关爱特殊群体、推动居民自治、解决焦点问题等服务。

表 6-1　苏州市级层面社区服务社会化情况

名称	时间	金额/万元	覆盖面	业务内容
苏州市级首期社区服务社会化试点项目	2016 年 8 月—2018 年 7 月	1 440	9 个街道（镇）	街道（乡镇）服务项目为"4+X"模式；社区服务项目为"3+X"模式
苏州市社区服务社会化扩大试点项目	2017 年 8 月—2018 年 7 月	950	9 个街道（镇）	基础类公共服务、增能类公共服务、治理类公共服务 3 个类别
苏州新一轮社区服务社会化试点项目	2018 年 8 月—2020 年 7 月	3 080	14 个街道（镇）	基础类、调研类、增能类、治理类四大类，20 大项，91 细项，"订单式"与"菜单式"相结合

社区服务社会化的推行，使苏州专业社会组织参与社区治理常态化，为专业社会组织开辟了广阔空间，全方位推动了社区治理良性化发展。

---

[1] 苏州率先开展城乡社区服务社会化全覆盖试点：试点项目已落地 85 个街道、269 个社区[N]. 苏州日报，2017-06-22（A11）.

仅市级社区服务社会化试点，成就就可见一斑：一是服务各类弱势人群超过1万人次；二是开展社区工作者能力提升活动170多次，培训社区工作者5 100多人次；三是创建17个社区公益金，募集资金超过100万元；四是协助街道和社区解决环境、安全整治和调解家庭矛盾、邻里纠纷等160多个治理难题，其中120多个初见成效；五是培育各类"草根"社会组织108个，招募社区志愿者2 000多人；六是搭建社情民意等各类三社联动平台25个……[1]

在农民集中居住社区中，社区服务社会化项目发挥了重要作用。与公益创投项目、社区党建为民服务项目相比，其作用更为突出。其一，公益创投项目、社区党建为民服务项目更多是服务工作，针对特定人群开展帮扶工作，而社区服务社会化项目明显偏重治理，直击社区"痛点""难点""堵点"。其二，社区服务社会化项目强调服务、联动、机制等，"多管齐下"，可以系统性、整体性地提升社区治理能力。其三，社区服务社会化项目强调增能，"授鱼又授渔"。社区治理的关键还是人，归根到底依靠各个主体的治理能力，而社区服务社会化项目积极致力于主体能力的提高，积极教授居委会、物业、业主委员会、"草根"社会组织、居民社区治理的方法与技巧，这对农民集中居住社区的可持续治理至关重要。

4. 社会工作站与社区工作室建设

目前我国迎来了社会工作站与社区工作室建设的大潮，苏州也是如此。到2021年年底，苏州基本上实现了街道（镇）社会工作站的全覆盖，社区工作室的建设也在如火如荼地推进，已建成1 000个左右的社区社工室。社会工作站与社区工作室的建设对社区治理意义深远。与社区服务社会化项目类似，社会工作站与社区工作室通过政府购买专业社会组织"驻点"社工，为社区提供全方位服务，开展的活动从调研居民需求到开展各项服务活动，再到进行增能，涵盖面极广。另外，通过社会工作站与社区工作室载体，专业社会组织与社区党组织、居委会及"草根"社会组织的对接更准，融入更深。目前不少农民集中居住社区形成了多元主体积极参与社区治理的良好态势。

---

[1] 冯佳.90项服务关注居民"急难小"问题——苏州市创新开展社区服务社会化试点纪实[N].中国社会报，2018-12-07（A02）.

第二节 农民集中居住社区社区服务存在的问题

一、农民集中居住社区公共服务存在的问题

苏州的经济比较发达，加之大力推行公共服务城乡一体化，农民集中居住社区公共服务有所保障。但是在一些细节方面还有待完善。在不少农民集中居住社区，公共服务设施比较到位，但是居民对设施、图书等的选择等并没有发言权。有的社区的整体规划虽然依据标准进行，符合规范，但是在规划过程中，居民也并没有发言权。

二、农民集中居住社区物业服务存在的问题

1. 服务质量有待提升

由于农民集中居住社区的特殊性，政府安排了不少托底物业。托底物业的费用较低，因此，与新型商品房小区的物业相比其所提供的服务比较简单，主要集中在保安、保洁和其他一些简单的服务领域。另外，物业费虽然便宜，但是收取状况也不容乐观。物业费收不齐的尴尬局面，更影响了物业的服务质量。

2. 物业可持续发展难

物业是市场化运作。物业收取物业费之后，为业主提供相应质量的服务。通常而言，服务越到位，缴纳物业费的比例越高。缴纳物业费的比例高，就会有资金支持，从而保证服务的持续性，形成良性循环。但目前农民集中居住社区较多的是托底物业，只在一定程度上照顾了居民转型的需求，可持续性难以保障。农民集中居住社区物业管理不能光依靠"输血"，还要"造血"。依靠政府的不断投入，只是权宜之计。

三、农民集中居住社区居民"自组织"服务存在的问题

1. 服务简单，且规范性不强

由于缺乏专业技巧，无论是"草根"社会组织提供的服务，还是志愿者提供的服务，服务内容都比较简单。与"草根"社会组织相比，志愿者提供的服务更显业余，令人担忧。以养老服务为例，用居民自己的话讲，志愿者提供的服务多局限在测测血压，帮老年人做做家务、拿拿

东西之类,复杂一些的心理慰藉、健康咨询等,基本上介入不了。另外,志愿者提供的服务还存在很多不规范之处。

2. 激励措施不足

与其他类型城市社区不同,在农民集中居住社区,居民参与社区"自组织"服务缺乏动力。在老城区社区,雄厚的社区社会资本成为居民参与社区"自组织"的助推剂。新型商品房社区虽然缺乏社会资本,但是居民的文化素质普遍比较高,愿意参与"自组织"服务。而农民集中居住社区目前既缺乏社会资本,又缺乏高素质的居民,因此居民参与"自组织"服务的积极性不足。

为了调动居民参与"自组织"服务的积极性,一部分社区采取了志愿积分制。但是相比传统农村社区参与公益活动"工分制",志愿积分制的激励性要差许多。一是很多志愿积分制的激励标准太低,难以调动居民的积极性。当然这与社区缺乏资源有关,农民集中居住社区毕竟不像传统农村社区那样,有集体经济作为支撑。二是志愿积分制设置过于随意,各种志愿服务之间的工作量区分度很低。三是可持续性不足,有些积分制是社会组织开展项目时设置的,项目结束,积分制也就结束了。对很多居民而言,这种积分制可能还会引发负面效应。用居民的话讲:"一开始有积分制,心里很高兴,也有积极性。但是积极性上来了,积分制却没有了,感觉很郁闷。"

3. 覆盖面不大

总体而言,农民集中居住社区的志愿服务比较单一,覆盖面不大,基本集中在为老年人提供服务方面,大约占了90%,其他方面的志愿服务寥寥无几。相比其他类型的城市社区,差距还是比较明显的。

4. 参与面不足

居民"自组织"服务大多面临参与面不足的问题。笔者调研了多个社区,得出了如下结论:社区中从事志愿服务者较多的是原有体制中的退休人员,还有部分原乡贤,再有就是有一定文化水平的老年人,其他参与社区志愿服务的人寥寥无几。

四、农民集中居住社区专业化服务存在的问题

在农民集中居住社区,专业化服务也面临不少问题。仅以社区服务社会化为例,笔者曾参与其中,发现了以下一些问题。

1. 专业社会组织参与社区治理职责定位不清晰

社区服务社会化的初衷在于目前社区自治组织居委会等能力有限，难以满足居民一些较高要求的服务，难以解决部分社区的治理难题，因此，政府通过购买服务的方式，交由外来的专业社会组织入驻社区来提供服务与解决问题。但是就苏州目前的实践而言，很多专业社会组织进入社区后职责定位不清晰，背离了初衷。主要包括以下四种情况。其一，"越位"现象。居委会把专业社会组织当成"替代者"，把所有的事务都交由专业社会组织去做。个别社区甚至把党建工作都交由专业社会组织，造成专业社会组织的"越位"。其二，"失位"现象。居委会不放权，自己干不好，也不交给专业社会组织干，造成专业社会组织的"失位"。其三，"错位"现象。由于社区所需要的资源来自政府，因此，在社区治理中，对专业社会组织而言，完成政府目标是第一位的，居民利益并不是第一位的。对于一些并不是自身应承担的任务，专业社会组织只能"硬着头皮"去做，尤其当居委会忙不完时，更是如此。比如，"331整顿"，本来与专业社会组织无关，但是很多专业社会组织被牵涉其中，这必然会影响他们自己本来的工作。垃圾分类也面临同样的情形。在调研中，一位专业社会组织驻点社工这样告诉我们："我感觉自己有时像社区工作人员了，他们有什么任务都喊着我们，我们做着和他们一样的工作。因为我们正好也'驻点'在居委会，以至于居民都以为我们是新来的居委会工作者……"其四，"超位"现象。社区把专业社会组织当成万能的，什么都找专业社会组织解决。关于这一点，驻点社工如是说："我们进入社区，成为社区治理的推动者、指导者和实践者，帮助社区解决问题，但我们并不是万能的，而居委会把我们当作万能的，提出的很多要求已经超出了我们的业务范围，比如，解决居民上访问题……"

2. 专业社会组织与其他主体难以理顺关系

社区是个多主体的空间。通常意义上，入驻的专业社会组织要和以下组织打交道：党组织、居委会、社区工作站（部分社区没有社区工作站或者"一站多居"）、物业、业主委员会、"草根"社会组织等。另外，入驻的专业社会组织还要和居民打交道。目前在苏州，很多入驻的专业社会组织并没有理顺与其他主体的关系。其一，与居委会之间的关系难以理顺。很多居委会认为入驻的专业社会组织是民政部门与街道"压"下来的，并不是自己购买的，这就为二者之间的不合作埋下了伏笔。其二，与物业、业主委员会之间的关系难以理顺。目前苏州乃至全国的"三社联动"并不包括物业与业主委员会,但专业社会组织"入驻"社区,绕不开与物业及业主委员会打交道。在很多情况下,物业与业主委员会并不配合专业社会组织工作,物业尤其如此。其三,与居民之间的关系难以理顺。专业社会组织进入社区,为居民服务,解决居民的相关问题。但是很多居民并不领情,也不认同。在很多居民看来,为居民服务的应当是居委会,他们对专业社会组织将信将疑。早期在社区做过项目的专业社会组织要好一些,没有类似工作经验的专业社会组织可谓举步维艰。

第三节 如何进一步完善农民集中居住社区的社区服务

一、完善农民集中居住社区的公共服务

苏州农民集中居住社区公共服务的硬件方面已经基本到位,优化软件是关键。一方面,要进一步强化服务中的以人为本,多调查居民的需求,对公共服务进行安排。另一方面,要充分调动公众参与公共服务的积极性,变被动参加为主动参加,让"公共服务没有旁观者"这个理念不是停留在理论层面,而是落实在实践之中。

二、完善农民集中居住社区的物业服务

1. 打造物业管理与社区治理一体化机制

发挥社区党组织的牵头与协调作用,整合行政资源、市场资源、社会资源,将物业管理融入社区综合治理,构建物业管理与社区治理的一体化体系,从而打造物业管理的长效机制。一是建立联席会议制度,由社区党组织牵头,召集居委会、物业公司、业主委员会,定期就社区治理进行协商,或者临时就社区重大事宜进行协商。二是发挥居委会群众自治组织这一载体的作用,对社区的物业进行指导、协调与监督。

2. "造血"与"输血"并举

鉴于农民集中居住社区的现状,要"造血"与"输血"并举,提高服务质量,提升效益。一方面,物业要树立"大物业"理念,积极整合周边的商户资源,盘活资产,走向良性循环。另一方面,相关部门对物业进行一定的扶持,比如,采取以奖代补的模式,激发物业的积极性;

采取专项购买的模式，让物业在适老化改造等领域发挥作用。

三、完善农民集中居住社区的"自组织"服务

1. 推进反哺型志愿服务

近些年来，反哺型志愿服务模式悄然兴起。反哺型志愿服务就是在为特定人群服务的时候，除了高龄老年人与重度残疾人等少数群体，也要动员被服务人群为其他人服务，从而体现"人人为我，我为人人"的理念。如在青少年服务项目中，为青少年辅导作业、辅导才艺后，再把青少年组织起来为社区其他人服务。在老年服务项目中，为低龄老年人提供服务之后，再把低龄老年人组织起来为高龄老年人服务。农民集中居住社区资源短缺，推进反哺型志愿服务有助于缓解社区资源紧张的状况，同时也能带动社区建设，一举两得。

2. 完善培训机制

鉴于农民集中居住社区志愿服务水平低下的状况，要完善培训机制。加强对农民集中居住社区志愿者方法与技巧的培训，使他们不但有服务的热情，而且有服务的能力。当然，培训时要考虑到他们的特点，注重本土化与接地气。

3. 推动社区"爱心投入"

在农民集中居住社区，要利用利益引导，推动社区志愿服务。一方面，完善积分制，继续助推志愿服务。社区设立专项经费，用于积分制，保持积分制的可持续性。另外，根据服务内容的不同，科学制定积分规则，彰显公平的原则。另一方面，建立志愿服务交换体系，形成"爱心交换"。

4. 发挥老年人的能动性

在社区"自组织"服务中，有一个群体值得关注，这就是老年人群体。我们不能把老年人仅仅视为被动的被服务对象，还要发挥他们的积极性，挖掘他们自身的潜力，让他们参与社区事务。可以适当把一些社区公共事务（绿化、卫生监督等）委托给老年人，既能发挥老年人的余热，也有利于社会与社区的建设。更重要的是，委托公共事务给老年人，有助于老年人之间建立良好的关系，为互助服务奠定基础。也可以鼓励低龄老年人从事养老志愿服务，在社区层面建立志愿者平台，吸纳低龄老年人加入志愿者队伍，以增加高龄老年人的福利。当然，老年人从事志愿服务有一定的风险，因此，需要建立志愿服务风险告知制度与保险

制度，予以制度保障。

四、完善农民集中居住社区的专业服务

为了让专业社会组织在社区治理中更好地发挥作用，必须科学定位专业社会组织的职责，并制定相关的标准化体系。其一，不但要明确专业社会组织在社区治理中应承担的职责，而且要明确不承担的一些职责，如党建工作等。其二，合理厘清专业社会组织与基层自治组织之间的界限，建立耦合机制。主要有三种情况。一是二者不同的部分，要着重区分开。在社区服务中，专业社会组织主要提供高端服务，而居委会与社区工作站主要提供常规服务，这是比较容易区分的环节。二是二者重叠的部分，要坚持不同的方向。如在社区环境卫生领域，专业社会组织坚持以自下而上的视角开展工作，居委会当前主要是沿袭自上而下的视角，在标准化体系中应有所区分。三是二者重叠的部分，要坚持不同的方法。善于运用方法是专业社会组织的特长，尤其是社工机构的特长，也是专业社会组织区分基层自治组织最明显的地方。比如，社工机构秉承的原则是"助人自助"，所用的是专业化的个案工作方法、小组工作方法、社区工作方法等，这是居委会与社区工作站所无法比拟的。同样对弱势群体进行服务，居委会与社区工作站主要是根据国家政策开展工作，而专业社会组织主要采用专业方法开展工作，这样的实质性区分也须在标准化体系中有所体现。

为了让专业社会组织在社区治理中更好地发挥作用，还要厘清专业社会组织与其他主体的关系。其一，理顺与居委会的关系。在购买专业社会组织入驻服务时，要多听取居委会的意见，按照"谁（社区）受益，谁（社区）主导"的原则，选择专业社会组织入驻社区。其二，理顺与物业及业主委员会的关系。要通过社区议事平台，在社区主体之间建立起沟通协调机制。另外，要从制度上保证专业社会组织对物业的评议权及对业主委员会的指导权。苏州农民集中居住社区治理可以借鉴北京部分社区的相关经验，如街道（镇）授权专业社会组织进行社区组织间的统筹、沟通、协调工作，这样专业社会组织与社区其他组织打交道就有据可依了。其三，理顺与居民的关系。专业社会组织进入社区，能与居民打成一片至关重要。专业社会组织自身要通过各种途径与居民建立良好的关系，也要通过制度化来推进这一过程。比如，通过居民参与评审来拉近二者的距离，为二者的良好关系做铺垫。

第四节 农民集中居住社区养老服务的发展

在苏州农民集中居住社区的社区服务中，最重要的环节还是养老服务，这是由我国国情、苏州市情和苏州农民集中居住社区区情所决定的。推动社区养老事业的发展，对农民集中居住社区治理而言，意义重大且深远。

一、农民集中居住社区开展养老服务的重要意义

社区服务就是要满足各类人群的需要，但是也要突出重点，并有所侧重。在苏州农民集中居住社区的社区服务中，老年人群最值得关注。养老服务是社区服务的重中之重，主要基于三个层面的思考。

一是我国社区养老服务成为重点问题。1999年，我国60岁及以上的老年人已经达到1.28亿，我国已加入了老龄型国家的行列；2010年，我国60岁及以上老年人占比13.26%；2020年，我国60岁及以上老年人占比18.70%，老年人数量增长比较迅速，养老压力较大。[1] 养老事业的重心在于居家养老。相比机构养老而言，居家养老成本低，而且老年人对生活环境比较熟悉，因此，更符合大多数老年人的实际情况。当今世界，无论是在发达国家还是在发展中国家，选择居家养老的老年人一般占老年人总数的90%以上，居家养老的意义不言而喻。居家养老的关键在于社区服务，因此，如何提高社区养老的服务水平就成为重要问题。

二是苏州社区养老服务面临更大的压力。江苏是全国最先进入老年社会的省份，于1986年就进入了老年社会，目前老龄化率超过23%，仅次于北京、上海，居全国第三。苏州老龄化程度更是严重，就户籍人口而言，老龄化率已经超过26%，目前共有近190万老年人，养老形势非常严峻。社区养老服务在苏州，有着更为特殊的意义。

三是农民集中居住社区养老服务责任重大。在很多苏州农民集中居住社区，老龄化率甚至超过30%，大量老年人云集社区，社区压力很大。农民集中居住社区前身是农村社区，社区"自组织"在养老事业中发挥

---

[1] 我国人口老龄化程度加深，应对老龄化已上升为国家战略[N]. 深圳特区报，2021-05-13（A07）.

了重要作用，老年人也习惯这种"自组织"，养老问题尚不突出。集中居住破坏了农村社会的机理，社区"自组织"功能丧失，使得养老的严峻性日益凸显。另外，农民集中居住社区老年人更为保守，更不愿意选择机构养老；在农民集中居住社区中，养老问题与生活方式变化等又混在一起。这些因素的存在，使养老服务工作更为复杂与艰巨。

二、农民集中居住社区养老服务体系的构建

目前苏州农民集中居住社区已经构建了比较完整的养老服务体系，包括日间照料中心、居家养老服务、物业服务、社区志愿服务、各种政府购买服务等，为老年人构筑了完整的服务网络链。

1. 日间照料中心

目前苏州每个社区（包括农民集中居住社区）都开设日间照料中心，采取政府购买服务的形式，由社会组织或是社会企业承办经营。日间照料中心设有各种老年娱乐设施，还开设了老年饭厅（同时代理送餐）。在很多农民集中居住社区，老年人只要缴纳100元的会费，就可以使用日间照料中心的各种设施与享受各种服务，同时享有每月免费理发1次与按摩1次的待遇。

2. 居家养老服务

苏州采取政府购买社会组织的形式，为超过80周岁以上的居家养老的老年人提供3小时的上门服务，内容是照料服务、健康服务、精神慰藉等。除了政府买单的老年人，承担购买服务的组织还面向其他老年人开展市场化服务。

3. 物业服务

目前在农民集中居住社区，物业服务中的一些常规服务（如治安服务、环境卫生服务等），保障了老年人的基本需求。一些物业则增加了一些增值服务，如健康咨询、老年课程等，为老年人的生活锦上添花。

4. 社区志愿服务

农民集中居住社区养老服务是志愿服务的主体，每个社区都有养老志愿团队，这些团队虽然专业性差了些，但是也能为养老服务提供一些支持。另外，志愿服务在满足老年人情感等方面，其作用是不可替代的。

5. 各种政府购买服务

政府通过公益创投项目、社区党建为民服务项目、社区服务社会化项目及一些专项购买等形式，为老年人提供相关服务。据不完全统计，

苏州的公益创投项目及社区党建为民服务项目中，养老服务类项目大约占1/5。养老服务项目从简单地为老年人检测血压、血糖到老年人为老年人提供心理健康服务，从老年人个案服务到老年人小组活动与社区活动，从单纯提供帮助到动员老年人之间互助，形式多样，极大地满足了老年人的需求，解决了老年人面临的许多问题，提高了老年人的生活质量。

三、农民集中居住社区"物业+养老"的发展

在社区养老服务中，物业是潜在的巨大资源，对于居家养老意义重大。其一，物业在社区服务中拥有场地、设施等资源，可以充分利用这些资源为老年人提供各项服务。其二，物业24小时不离社区，能够解决老年人紧急求助的问题，为老年人提供全天候服务，这是其他服务主体所不可比拟的。其三，物业长期服务于业主，与老年人住户建立了良好的关系，易得到老年人及其家庭的信任。其四，物业掌握业主（包括老年业主）的一些家庭信息，熟悉家庭成员，这些都有利于开展养老服务。

比较遗憾的是，目前物业的潜力尚未得到充分发挥。大部分社区物业仍局限在常规服务，仅有部分社区为老年人增加了一些简单的增值服务。笔者认为，"物业+养老"是我国未来养老的发展趋势，也是物业实现可持续发展的必然手段，今后可以大力发展"物业+养老"，以解决社区养老问题。不仅新型商品房社区如此，农民集中居住社区也一样。目前苏州部分农民集中居住社区已经开始尝试"物业+养老"，某农民集中居住社区就是一个例子。

该社区物业立足社区的自身特点，推出小家电上门维修服务。老年人家里有电器坏了、下水道堵塞了等，物业上门服务，一般只收取材料费。对个别家里有经济困难的老年人，材料费也不收取。该社区还根据社区老年人的需求，推出"24小时服务热线"，老年人有什么需求，物业随时上门服务。

笔者认为，在现有基础上，应未雨绸缪，积极发展"物业+养老"。应开拓思维，勇于创新，科学定位"物业+养老"的职能。"物业+养老"要向以下五个方向努力。

其一，服务多样化。一是在充分调研老年人现实需求的基础上，结合物业的实际能力，列好老年人需求清单。物业在做好基础服务的同时，可以构建智慧服务平台，通过整合资源，推进家政、电子商务、快递代

收、法律援助等服务；开展老年供餐、定期巡访等养老服务；有条件的社区开通"听民心"热心电话，了解老年人的需求；与社区卫生服务中心一起安置家庭照护床位，完善智慧养老体系；推出养老管家，每周至少开展一次入户巡视或电话联系，对于独居的高龄老人，巡视频次还要增加。

其二，空间适老化。物业对既有空间适当进行改造，更好地适应老年人的需求，彰显人文关怀。一是打造长幼共融区，定期举办养老活动、培训讲座、老年人议事活动。二是推进公共空间适老化改造，添置户外座椅等，同时开展老年人家庭的适老化改造，为老年人提供安全的居住环境。三是借助社区卫生服务中心，共同建设健康多元室。

其三，资源整合化。通过物业这一平台，聚合各种资源，形成联动机制，从而更好地开展服务。一是通过物业发动各类商家、社会组织组建为老服务联盟。二是物业与医疗机构定点合作，开通互联网医院，实现网络续方开药、送药上门、约见名医等功能。三是通过"养老管家"入户，梳理老年人的需求清单，如理发、电器清洗、保洁、助浴等，与附近的第三方机构对接，满足老年人的需求。清单项目也要根据老年人的反馈每月更新。

其四，主体参与化。物业通过适当的方法与途径，调动有意愿、有能力的老年人参与，以实现共建、共治、共享的格局。尤其聘请一些有能力、有爱心的低龄老人参与社区物业的管理，形成双向互动模式。

其五，政策保障化。农民集中居住社区"物业+养老"的发展，要"造血"与"输血"并举，政策扶持非常重要。比如，可以采取"以奖代补"的模式，调动物业参与的积极性；采取"专项购买"的模式，鼓励有能力的物业积极投入，让物业在养老服务中发挥自身的特长与作用；把"物业+养老"服务纳入物业企业信用评价、评奖评优等体系之中，打造有利于其发展的良好环境；建立企业爱心责任评价体系，为"物业+养老"服务的健康发展夯实基础。尤其需要指出的是，当前急需建立按社区（小区）类型的差异化的扶持体系及有偿、低偿、无偿服务差异化的扶持政策，这是推动农民集中居住社区"物业+养老"服务的关键所在。

四、农民集中居住社区养老顾问的发展

在社区养老服务中，养老顾问也是未来的发展方向所在。为畅通养

老服务信息，促进养老服务供需对接，2018 年，上海首先推出了养老顾问制度，在部分街道（镇）及社区设立养老顾问点，由社区工作者担任养老顾问，面对面地为老年人提供政策咨询、个性化养老方案定制等服务，满足老年人的需求。之后北京、苏州等城市也相继跟进，养老顾问成为社区精细化养老服务的一种新趋势。苏州试点的社区恰好就有农民集中居住社区——梅巷社区。笔者对梅巷社区进行了实地调查，就养老顾问未来的发展提出以下几点思考。

1. 要有明晰的定位

梅巷社区养老顾问主要有三项业务：为老年人解读相关政策；介绍服务资源（社会资源与社区资源）；制定个性化养老方案。毋庸置疑，这些业务可以使老年人在现有资源下做出较为有效的养老选择，更好地满足自身的需求。但是从持续发展的角度看，梅巷社区的养老顾问缺乏清晰的定位。比如，养老顾问是仅局限于三项业务，还是要结合其他业务向更广的领域延伸，打造"大养老"格局？另外，目前在梅巷社区养老顾问的三项业务中，真正的难点在于制定个性化养老方案。除了政府的投入，还需要多元的投入模式（甚至市场化介入）。当然，作为试点社区，梅巷社区并没有能力解决这些深层次的问题，需要姑苏区区级层面乃至苏州市市级层面的统筹解决。

笔者认为，首先，为契合养老需要，养老顾问绝不能仅仅满足目前的需求，要实现深度与广度的突破。要把老年人权益维护、健康服务等整合进来，实现从"中介"到体系的嬗变，实现养老顾问的深度发展。其次，开展制定个性化养老方案业务，体现分层原则，"政府兜底"弱势老年人群体需求，社会多元满足其他老年人需求，实现养老顾问的广度发展。定位决定路径，这就需要加强顶层设计，未雨绸缪，积极应对，特别是要有相关的规划，并出台相关的政策。

2. 要尽可能地整合资源

梅巷社区养老顾问所依赖的人力资源主要有社区工作者、志愿者、养老机构工作人员等，初步形成了多元参与的格局。但是应当看到，对照老年人（包括未来的"准老年人"）多样化的需求，把工作做精做细做透，目前的人力资源是远远不够的，养老顾问供给侧还有较大的缺口。

因此，需要进一步整合资源，调动各方参与，特别是发挥社区共同体的作用。一是挖掘老年人自身的资源，让一部分热心和有能力的老年人参与进来，使其老有所为，同时也可以推动抱团养老。二是对接网格化治理。我国的网格化治理目前已经成形，是政府治理与社区自治的有机结合。借助网格化治理平台，网格员征求需求，养老顾问处理需求，起到事半功倍的效果。三是挖掘社会组织资源。目前随着社会建设的推进，社会组织在养老事业中发挥着越来越大的作用，可以充分利用政府购买等形式，进一步发挥它们的作用。挖掘和整合资源时应注意以下三个方面：一是人力资源要既有分工，又有合力，由养老顾问演变为养老顾问团；二是因地制宜是最大的创新，要根据社区资源要素形成自己的模式，以最大化地调动资源；三是养老顾问并不意味着另起炉灶，而是在新的理念的指导下整合资源，因此，要做好与既有工作的对接。

3. 要有制度予以保障

养老顾问的持续、健康发展，离不开制度的保障。梅巷社区养老顾问还处于探索阶段，相关制度目前还不完善。一是没有资格认证与等级体系。二是整个制度缺乏标准化体系的支撑，规范性不足。三是缺乏激励机制。对现有的社区工作者而言，养老顾问政策的出台不能光增加他们的工作量，还必须要有相应的激励措施，否则养老顾问很难持续、健康发展。

为此，当前必须出台相应的制度，保障养老顾问的持续、健康发展。一是出台相应的养老顾问资格认证与等级体系。上海在这方面一路领先，目前已经有了"金牌顾问"制度，苏州可以借鉴其相关经验。二是健全养老顾问的标准化体系，对人员、服务流程等做详细规定，降低服务的随意性。三是建立健全的激励机制，充分调动社会工作者及其他参与者的积极性。

4. 要有人性化的科技予以支撑

为了更好地推进养老顾问，梅巷社区做了"养老管家"微信小程序和"养老地图"，这些极大地方便了老年人，同时也提高了服务效率。但是部分老年人不懂得如何使用，认为太烦琐。为更好地满足老年人的需求，还需要进一步加强科技的人性化，使科技更有温度。要根据老年人的不同特征，开发不同的科技产品，满足差异化需求。比如，针对部分老年人接受能力差的状况，制作简易版的"养老地图"；打造易操作的微信程序，让他们更方便地使用。

5. 要进行合理的宣传动员

养老顾问是一个新生事物，进行宣传动员必不可少。梅巷社区通过在微信公众号发布文章、发放宣传册、主动上门走访等方式，进行宣传工作。尽管如此，目前居民仍存在一些认知误区。比如，部分老年人认为养老顾问制度是万能的，能够解决一切问题；工作者也是全能的，能够做出最优选择。这些认知误区，在一定程度上影响了养老顾问的健康发展与进一步推进。

必须正视养老顾问在现阶段的作用还比较有限，它并不直接创造资源，而是整合资源与链接资源，在养老体系中只是发挥特定的作用。另外，由于影响养老的因素众多，养老顾问在总体上能够提高效率，契合供需，但就个体而言，并不一定能助个体做出最优选择。因此，要进行合理的宣传动员，向老年人及其家人讲清、讲明、讲透，减少相关的认知误区。

五、农民集中居住社区互助养老与养老储蓄的发展

为了更好地推进农民集中居住社区养老服务的发展，必须给予必要的激励，调动居民的积极性，使居民愿意主动投入。为此，可以进一步推动互助养老与养老储蓄的发展。

其一，要大力发展互助养老。对于老年人来讲，互助养老是共赢的，有着"1+1>2"的效应。很多国家高度重视老年人互助养老，并进行了积极探索。例如，美国针对没有子女的孤独老人推出了"家园共享"计划，该计划很有创意，将同性的无子女老人联系起来，"结伴养老"，以缓解生活中的孤独和解决生活中的不便。[1] 在德国巴伐利亚的一些小镇，由几个年纪较轻的老人牵头，将一些不愿意住进养老院的老年人组成了一个邻居互帮互助的小组。由年纪较轻的老年人来帮助高龄的老年人做一些较重的体力活，比如冬天铲雪等，解决高龄老人独居带来的各种隐忧。[2] 我国与西方国家有着不同的文化，我国老年人互助主要通过老年互助组织展开。因此老年互助组织不能仅仅局限于娱乐领域，否则互助就失去了意义。今后还需要政府和社区组织积极扶持，通过项目引导拓宽老年互助组织互助的范围，向心理慰藉等领域深入。因为老年人是一个特殊的群体，所以推动互助组织的建设应实事求是，应以老年人自愿为前提。

---

[1] 陈静，江海霞."互助"与"自助"：老年社会工作视角下"互助养老"模式探析[J]. 北京青年政治学院学报，2013（4）：36-43.

[2] 王玉龙. 德国的互助式养老[J]. 保健医苑，2013（1）：44-45.

其二，要推行"养老储蓄"制度。"养老储蓄"就是将为老年人服务的时间储蓄起来，必要时支取，享受相应的服务。也可以在年轻时储蓄志愿服务时间，到年老时支取。"养老储蓄"使养老服务不再是单方面付出，而是与自身福利紧密结合，大大激励了主体的积极性（包括很多低龄老年人的积极性），保障了养老服务的可持续性。一直以来，我国不少社区、街道、区县（县级市）都在探索"养老储蓄"，取得了很多成就与突破——"养老储蓄"包括家政服务（打扫、洗衣等）、个人护理类（按摩、理发等）、关爱交流类（读报、聊天等）、外出代办类（接送、买药等）、维修类（修家具和家电等）等多种服务；有的地区促成了"养老储蓄"与实体银行合作，共同发行了联名卡，联名卡开放了部分功能，专门用于"存储"时间；有的地区还制定了比较详尽的"养老储蓄"制度，如养老储蓄的70%可以兑换相应的服务，20%可以兑换生活物品，10%可以兑换现金等；有的地区积极探索不同劳动之间的换算问题，以使"养老储蓄"更具科学性。

需要指出的是，"养老储蓄"在社区与街道等"小平台"面临较大的困难，需要更大的平台。因为平台小，可供兑换的服务较少，限制了"养老储蓄"的发展。另外，平台越小，"养老储蓄"就越难以兑现。比如，社区层面搞的"养老储蓄"，由于人口少，可供兑换的服务就很少，况且人口流动性大，兑现服务就会更加困难。在市级、省级层面推进"养老储蓄"，可供兑换的服务多，也能解决人口流动的难题。基于此，近几年来，市级与省级层面的"养老储蓄"应运而生，2019年南京在全国开了先河，之后上海、成都、青岛、北京等市也都纷纷启动。笔者认为，苏州应积极借鉴以上城市的经验，推出全市层面的"养老储蓄"，为农民集中居住社区养老服务争取更多的资源。

第七章

合理利用空间

利用空间提高治理效率，已经成为人力资源管理、商业设计等领域的通常做法。在人力资源管理中，通过把与业务相关的部门放在一起或者放在相邻的位置，能够更好地促进这些部门的沟通与交流，从而提高管理效率。在商业设计中，通过调整空间布局，吸引顾客，已经成为普遍的做法。

在农民集中居住社区的治理中，合理利用空间也是不可忽略的重要环节。合理利用空间不仅可以满足居民的需求，方便居民的生活，还可以更好地推动社区建设，有着一举多得的功效。目前就苏州的农民集中居住社区而言，在合理利用空间方面，还有极大的潜力可挖掘。为此需要开动脑筋，集思广益，合理利用空间。

第一节 合理利用空间对于农民集中居住社区治理的重要意义

合理利用空间，具有维护社区治安、促进居民交往、满足居民情感需求、提升居民的公共意识等多重功效，可以成为农民集中居住社区治理的助推器。

一、合理利用空间能够改善农民集中居住社区的治安

空间利用与社区治安有着密切的关系，合理利用空间有助于维护社区治安，这一点已经成为学界的共识。美国城市规划专家简·雅各布斯在其著作《美国大城市的生与死》（纪念版）中证明了这一点，她认为

传统街区在预防犯罪方面有着得天独厚的条件。一方面，传统街区具有活力，小尺度的街区和街道上的各种小店铺，在时间上保持活动的连续性，等于在不同的时段都在对有犯罪动机的人实施监控，后者必定会有所顾忌。另一方面，传统街区中，人们之间是熟悉的，陌生人一旦进入，就十分"显眼"，因此，他们的举动时刻处于"监控"之下。简·雅各布斯把这种天然的监控机制称为"街道眼"。[1]

目前在一些国家，犯罪社会学研究主要聚焦于空间设计与犯罪预防领域，很多社会学者参与其中。主要做法如下：社会学家对犯罪高发地区进行拍照，之后汇总到一起，对犯罪高发地区的特征进行详尽的分析，总结出共性特征，比如，存在隐藏的空间、空间归属含糊不清等。分析之后，社会学家将其提供给规划者与设计者，供在以后的规划中进行改进，从而达到预防犯罪的目的，由此可见合理利用空间对维护治安的重要意义。

农民集中居住社区的前身是传统农村社区，根据简·雅各布斯"街道眼"的机理，居民"守望相助"，特定的空间成为社区治安的"安全阀"，因此，社区治安状况普遍比较好。集中居住以后，传统农村社区的机理被破坏了，加之流动人口的增加，给社区治安带来了一定的压力。在这种情况下，进行合理的空间设计，既能减少治安隐患，也有利于社区的社会资本打造"熟人社会"，维护社区的治安。

二、合理利用空间能够促进农民集中居住社区居民的交往

合理利用空间也能够影响人际交往，从而对社区治理产生一定的影响。在理论方面，法国马克思主义哲学家和社会学家亨利·列斐伏尔曾提出社会空间生产的概念，他认为社区空间不仅是物理空间或者地域空间，也是居民活动及社会关系的承载体，创生着各种社会关系。[2]

在实证方面，许多研究证明了这一点。比如，对老年病房的研究就是一例。曾有国外实验证明，当老年病房里有一张独立的床与桌子时，老年人之间不怎么交流。当桌子换成半圆状桌子时，老年人之间变得愿意交流，主要原因是半圆状的桌子提供了交往的公共空间。邻里关系与距离的研究也是一例，西方有研究表明，邻里的亲密程度基本上与空间

---

[1] 简·雅各布斯. 美国大城市的死与生 [M]. 纪念版. 金衡山，译. 南京：译林出版社，2006.

[2] 谭玉妮，张永庆. 列斐伏尔城市空间生产理论的发展逻辑及启示 [J]. 城市学刊，2018（2）：87-90.

距离存在密切关系，基本上距离越近，关系就越亲密。[1] 我国有俗语"远亲不如近邻"。基于此，许多西方国家注重利用空间推动人际交往，而东方国家通常依靠举办活动推动人际交往。

农村社区由于人口规模较小及空间设置特殊，居民之间形成了良好的人际关系。集中居住以后，空间不可避免发生变化，带来一定的负面影响。但是通过合理的空间设置，能够减少负面影响，促进人际交往，使居民已有的社区社会资本得以保留的同时促发新的社区社会资本生成。

三、合理利用空间能够满足农民集中居住社区居民的情感需求

社区不仅是人们居住的场所，更是人们心灵的家园，合理利用空间，对于满足居民的情感需求，是十分重要的。意大利著名的建筑师布鲁诺·赛维说：尽管我们可能忽视空间，空间却影响我们，并控制着我们的精神活动；我们从建筑中获得美感……这种美感大部分是从空间中产生出来的。[2] 实际上，何止是美感，人的一系列感觉，如安全感、归属感、舒适感、孤独感等，都与空间息息相关。

其一，合理利用空间关乎居民的归属感。社区归属感实际上就是一种共同体意识，即"我们意识"。这种意识对于减少社区人际冲突、增强社区凝聚力、群策群力把社区建设好，有着特殊的意义。合理利用空间可以满足人们的归属感，归属感是个体与所属群体间的一种内在联系，是某一个体对特殊群体及其从属关系的划定、认同和维系。一个居民共同熟悉的建筑等，都会引起居民的共鸣，增强"我们"的感觉。

其二，合理利用空间关乎居民的怀旧感。空间能够承载居民的情感。一些上了岁数的居民尤其是农民有着较强的怀旧感，空间安排对于满足居民的怀旧感，有着重要的意义。正如布伦特·C.布罗林所说的那样，老建筑及其周围舒适的环境，对于生活在我们的城镇及都市中的人们来说，是一个熟悉的背景，是在这个瞬息万变的世界里一个危难时的依靠。[3]

其三，合理利用空间关乎农民的认同感。认同感的机理是人对环境的感知，是一个"编码—解码"过程。设计的过程实际上就是一个编码过

---

[1] 林玉莲，胡正凡.环境心理学 [M]. 2版.北京：中国建筑工业出版社，2006.
[2] 布鲁诺·赛维.建筑空间论：如何品评建筑 [M].张似赞，译.北京：中国建筑工业出版社，1985.
[3] 布伦特·C.布罗林.建筑与文脉：新老建筑的配合 [M].翁致祥，等译.北京：中国建筑工业出版社，1988.

程，这种编码过程需要同人的心理需求相契合，以便人们正确解码，实现主观与客观的统一。人从知觉与联想方面对环境做出反应，从环境中得到暗示与线索，这是解码过程，也是认同过程，从而满足人的情感需求。

农民集中居住社区居民失去了熟悉的环境，必然伴随着心理上的失落。通过合理的空间安排，唤醒他们的情感，培养他们的共同体意识，接受社区，认同社区，热爱社区，这是社区治理中不可缺少的重要环节。与其他群体相比，农民集中居住社区居民对空间有更多的依赖感，空间对于满足他们的情感需求有着更多的意义。

四、合理利用空间能够提升农民集中居住社区居民的公共意识

社区是一个公共空间，社区每一个居民既有利用空间的权利也有保护空间的义务。居民的公共意识对于保护社区公共设施，是非常重要的。合理利用空间能够提升居民的公共意识，从而更好地爱护公共设施。"红地毯效应"与"垃圾桶效应"就是很好的解释。"红地毯效应"指当人们面对干净的红地毯的时候，往往很珍惜。人们越珍惜，红地毯就越干净，形成良性循环。而"垃圾桶效应"正好相反。著名的"破窗理论"也能很好地诠释这一点。如果一个地方出现一扇破窗而不采取措施，破窗就会越来越多，因为这意味着"空间暗示"，告诉人们这个地方无人管理，破坏就变得理所当然。

五、合理利用空间成为人类社会的共同探索

合理利用空间十分重要，社区治理不能忽视这一点。自工业革命以来，人们在进行空间改造时，简单、粗暴地使用"铲车模式"（简单、粗暴地用铲车拆除旧建筑），弊端显而易见：规划师的价值观取代了民众的价值观；经济实力强的阶层的利益得到了重视，经济实力弱的阶层的利益被忽视；人的情感需要、邻里关系等非物质因素被忽视。西方国家在这方面已经有过不少教训，不少学者也对此进行过强烈的抨击。比如，美国城市规划专家简·雅各布斯指出，这种方式（"铲车模式"）摧毁了许多有特性、有色彩、有活力的建筑物、城市空间及赖以存在的城市文化、资源和财产，以及人们之间良好的社会网络。[1] 当前，合理利

---

[1] 简·雅各布斯. 美国大城市的死与生 [M]. 纪念版. 金衡山, 译. 南京: 译林出版社, 2006.

用空间成为人类社会的共同探索。一些人文主义的规划学者强调人对环境的归属感与场所感，认为归属感是人的一种基本情感需要，城市应当是一个可增加人生体验的活动场所。他们提倡对空间进行人性化的设计，注重从人的心理角度研究环境。当前，在城市规划与设计中，合理利用空间促进社会和谐等，已经变成一种趋势。

第二节　农民集中居住社区合理利用空间的实践与经验

在集中居住社区的建设与治理中，苏州也在积极探索与不断创新，形成了一些合理利用空间的实践与经验。笔者归纳总结主要有以下几个方面。

一、打造尊重原有习惯的空间

集中居住以后，不少居民难以适应新的生活环境，还保留着原有的生活习惯。利用空间设计，尊重农民原有的习惯，保持一定的过渡性，成为社会治理中必须正视的问题，为此很多苏州社区都在探索这方面的措施。之前提到的居民的"筑绿园"、"扎堆"空间与灶台空间、晾衣杆的故事等都属于这方面的探索。除此之外，还有不少亮点。

案例1：社区"农耕园"

> 随着城镇化大潮的到来，在苏州大部分农村地区，江南农耕生活已然终结。对于世代为农的居民而言，他们很不习惯这种转变。社区居民生活基本上实现了现代化，从生活条件上来讲已与城市居民无异。为了满足居民对农耕生活的怀念，社区建立了"农耕园"，在农耕园里设置了农耕历史区、土地整理区、江南养殖区、农家休闲区、乡村能源区、江南作坊区、农耕谚语区、农户设施区等多个区域，使农民在城镇化大潮中不失落，有认同感。社区也把"农耕园"与发展旅游结合起来，"农耕园"吸引了很多旅游者，为社区带来了不菲的收入。

二、打造综合性公共空间

农民集中居住社区问题繁多，具有综合性特征，而且环环相扣，彼此交织。鉴于问题的复杂性，苏州在农民集中居住社区的建设与治理中，尤其注重打造综合型的公共空间，实现"一空间—多功能—多效应"，以此推动人际交往、社区建设等。苏州很多农民集中居住社区都设置了不住人的架空层，这为打造综合公共空间、满足居民的全面需要创造了条件，打造架空层综合性公共空间也就成了社区治理的有力抓手。

案例1：社区架空层

苏州某社区是大型的农民集中居住社区，由于社区规模较大，集中居住后，社区出现了多种问题，例如，人际交往出现了障碍，居民生活比较单调，社区工作者人手比较短缺。经过调研，社区工作者认识到农民集中居住之后，公共空间对于推动人际交往、丰富居民生活、满足居民需求等有着重要的意义。社区开始以空间为切入点，推动社区治理。居委会选择了3幢楼的架空层作为公共空间，将其分别命名为协商馆、亲子馆、为老馆。协商馆主要就小区管理、公共议题等进行协商。亲子馆以亲子健康成长为宗旨，提供"华彩小神笔"、手工小能手、公益小达人、社区小记者、运动小健将五大板块的服务，打造儿童乐园。为老馆主要为老年人群体服务，除了设置必要的老年设施外，在小区设置便民服务站点，提供健康养老与日常生活辅助等服务。3个主题馆带动了社区建设，一方面，3个主题馆本身运营良好，促进了社区协商民主、亲子、养老等事业的发展，另一方面，"以点带面"，有力地推动了社区的整体建设，比如，围绕主题馆的志愿服务如火如荼地推进，形成"331"主题馆志愿服务机制：每月一次公益服务、每3个月一次增能交流会、每年一次经验总结。

三、打造知识空间

知识对人的教化作用不可忽视，农民集中居住社区居民对知识的需求格外强烈。打造知识空间，通过知识潜移默化地感染人、陶冶人、教化人，满足人们对知识的需求，成为很多农民集中居住社区追求的目标，由此也出现了不少积极的例子。

案例1：红色楼道

不少农民集中居住社区都有"红色楼道"，即社区选择楼道作为党建载体，利用楼道公共空间，建立红色阵地，带动党建与社区治理。大多数"红色楼道"既有邻里会客厅，又有读书角、宣传栏、休息椅等，党员可以在家门口学习，讨论，谈心，等等。每逢节假日，红色楼道又可以成为邻里相聚之地，一举多得。

案例2：社区架空层科普馆

不少农民集中居住社区为了满足儿童对自然的求知欲与体验欲，在居民楼的架空层建立了小型生物科普馆。生物科普馆里不仅摆放了各种生物的图片，还摆放了一些居民拿来种植的花草。社区经常组织孩子们在这里进行生物多样性方面的讨论，力求知行合一。当然，生物科普馆除了具有科普的功能，也是社区的公共空间。孩子们在此做游戏，老年人在此打太极，社区居民在此议事。

四、打造交往空间

在苏州农民集中居住社区中，人际关系的疏远是一大症结。如何利用空间引导农民重塑人际关系，很多社区都进行了积极的探索，宁心茶社就是其中的一个典型案例。

案例1：宁心茶社

一段时间以来，农民集中居住社区的普遍特点是，原来的"熟人社会"不复存在了，居民如何融入新社区成了社区治理的头等大事。在某农民集中居住社区，居委会工作人员与乡贤积极思考，酝酿打造一个公共空间，带动社区的人际交往。他们最终将公共空间定位为茶社，并且将其命名为"宁心茶社"。之所以取名"宁心"，是希望通过饮茶获得内心平静；之所以取名"茶社"，而不是"茶舍"，是希望该空间不仅仅是一个饮茶的空间，更重要的是成为人际交往的场所。在社区工作者看来，"舍"更多是空间概念，而"社"代表社会，象征着人际交往。

据宁心茶社的组织者介绍，之所以选择"茶社"推动人际交往，在很大程度上也是出于尊重历史，源于他们对历史上茶馆的认知。在苏州历史上，茶馆是个重要的场所。其"显功能"是休憩与喝茶，"潜功能"则是交友与交流，"潜功能"甚至超过了"显功能"。例如，历史上著名的三万昌茶馆，不仅供人喝茶，还有很多其他的功能，商人在这里洽谈生意，报人在这里获取信息，文人在这里高谈学术，这里甚至还有"吃讲茶""讲斤头"的习俗。三万昌在当时的苏州具有很高的知名度和影响力，被喻为"沪宁线上的信息中心""苏州经济脉搏跳动中心"。

宁心茶社建立后，最早常去的只有几个人，后来发展到十几个人，再后来几十个人。这几十个人成为社区的骨干，在社区治理中发挥了重要作用。这些骨干以点带面，带动了更多的人参与社区建设。社区后来成立了8支志愿服务队，形成了志愿服务联盟，与宁心茶社的成立有着极大的关联。

在苏州农民集中居住社区中，类似宁心茶社这样的茶社还有很多。利用居民的"茶社"情结，推动人际交往，无疑具有历史传承性，也是因地制宜地推进社区治理的一种科学做法。宁心茶社带动社区治理的经验值得借鉴。

五、盘活"微治理"空间

社区治理需要小规模群体作为基础，这样居民之间才能有充分的互动与交流。在这种情况下，苏州很多农民集中居住社区因势利导，借助楼道这个小空间载体，鼓励居民自主协商解决问题，营造"熟人社会"，形成楼道"微治理"。楼道是社区治理的"最后一米"，是居民客厅的"外延"，是居民公共生活的"最小单元"。居民把楼道治理好，有助于培养自治能力，对于参与整个社区治理也是大有益处的。

案例1：社区楼道"微治理"

某社区是农民集中居住社区，社区面临的一个主要问题是居民时常把家里不用的东西拿出来，堆放在公共楼道中。这不仅会造成安全隐患，也会引起邻里纠纷。面对这一问题，社区将主动权交给居民，开展"微治理"。由楼道长、楼道党员和辖区网格员作为清理行动的主力军，通过走访入户，全面掌握楼道居民的基本情况；

鼓励居民通过协商解决问题，鼓励居民制定楼道公约，"自组织"开展工作；同时通过采取加强卫生保洁、清理楼道堆积物、粉刷楼道墙壁等措施，全面改善楼道环境；发动社区党员以身作则，做好自己家的清理工作，并带头带动其他居民养成好习惯。

第三节　如何进一步推动农民集中居住社区更好地利用空间

苏州农民集中居住社区的空间利用颇具特色，在社会治理中发挥了重要作用，但是潜力还远远没有发挥出来。为了更好地利用空间，可以从以下环节进行强化。

一、打造混合空间

人类城市规划史向我们昭示了一个事实：有生命力的空间一定是混合空间。20世纪60年代以前，功能主义城市规划是主流。功能主义城市规划虽然给城市带来了明晰、秩序等特征，但也造成了城市的僵化，城市的多样性受到了限制，空间应具有的有组织的复杂性丧失了，城市空间变得异化。

在这种情况下，人文主义规划流派兴起，人文主义规划流派强调空间的混合利用。他们认为，从社会学的角度来看，混合的功用有助于人们的接触、交往，从经济学的角度来看，混合的功用能够对城市公共设施实现充分、有效的使用。其中美国学者亚历山大·科特的"半网络形空间"（图7-1）比较重要。亚历山大·科特认为，一个有活力的城市不是"树形结构"（空间）（图7-2），而是一个"半网络形结构"（空间）。"半网络形结构"是一种复杂的结构形式，其中心意图是土地混合使用，是有效率、有活力的。[1] 目前在一些西方国家，土地混合使用已经成为一种普遍现象。例如，在美国，商住楼已经非常普遍，这使得办公室不只是白天办公的场所，而住宅也不只是晚上睡觉的地方，将住宅与商业有机混在一起。另外，大型公用设施也开始实现混合使用，例如，美

---

[1] 肖彦，孙晖. 如果城市并非树形：亚历山大与萨林加罗斯的城市设计复杂性理论研究[J]. 建筑师，2013（6）：76-83.

国纽约的旧火车站就被改造成一个集旅游、商业和交通于一体的场所。

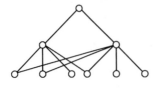

图7-1 半网络形空间

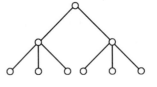

图7-2 树形空间

农民集中居住社区的前身农村社区就具有"半网络形结构"的特质,不仅方便了村民的生活,同时也形成了良好的邻里关系。笔者认为,集中居住后,"半网络形结构"一些好的做法应当予以采纳,并运用到新的社区空间中。一方面,出于经济与效率的考虑,目前的农民集中居住社区空间已经与城市社区空间无异,毫无疑问是功能至上的,但农民集中居住社区空间是否一定要与城市的其他社区空间保持同质性?这一点值得我们思考。另一方面,在已经建好的农民集中居住社区,如何进行"微更新"与"微设计",以体现出一定的空间混合功能?这也是个值得进一步深思的问题。

二、打造社区综合体模式

目前农民集中居住社区,还需要加强社区综合体模式建设,这也是合理利用空间的一种有效途径。一是打造社区多功能"大空间",汇集社会资源,以便社会力量相互交流、相互促进、对接资源等。具体的做法是居委会、部分"草根"社会组织、社区企业联盟及部分社区志愿力量等都入驻同一空间,共同开展社区治理工作。事实上,我国很多城市社区已经有这方面的成功经验。二是打造流动人口综合体空间,建设集娱乐、交友、文化、教育等于一体的多功能空间综合体,为流动人口提供全方位的服务。借助空间综合体,利用政府购买服务的形式,推动流动人口组织建设,帮助外来人口融入,促进本地人口与流动人口的交流,给流动人口提供法律援助,促进流动人口的志愿服务,提升流动人口的"自组织"能力,等等。

三、保留文化痕迹

不少农民集中居住社区正通过空间"微改造",满足居民的情感需求,但这毕竟属于一种事后"补救式"的处理方式。我们完全可以从规划设计端就开始着手，打造更为人性化的空间，在社区建设之前，就充分考虑农民文化需求这一问题，最大化地保留文化痕迹。那么如何最大化地保留文化痕迹？笔者认为要做好以下六个方面的工作。一是最大限度保留古树、水塘、碑石等乡村印记。二是保留村庄独特的东西。每个村庄都有自己独特的东西，保留独特的东西对于文化多样性而言非常重要。三是可以在新的居住社区设置村史馆，将原有村庄的历史保留。四是保留一些老的街名、地名等名称。一些老的街地名、地名等都包含了特殊的意义，能够引起居民的共鸣与共情。五是塑造空间文化标志。在利用空间时，文化标识非常重要。一个好的文化标识对增强社区的凝聚力与居民的归属感，有着重要的意义。因此，可以开展社区文化标识塑造活动，在社区居民中征集标识，将标识建设深度融入社区发展治理之中，不仅能调动居民参与社区事务的积极性，还能结合不同社区的文化特色与资源，塑造社区文化，涵育文明新风。六是可以设计手绘地图，将社区及周边的文化等以手绘地图的形式做成指南，既方便居民生活，也有助于文化的传承。

四、规划与设计"共享空间"

我国部分社区有着大型的多功能厅，这种多功能厅就是一种"共享空间"，不少人群都可以使用。社区的大型活动空地，也是一种"共享空间"。部分"共享空间"不再是单一的社区层面，而是整合不同社区的资源，形成跨社区的空间。部分"共享空间"涉及社区居民与辖区单位，如有的社区打造了"共享停车场"，这种"共享停车场"白天供单位使用，晚上则免费给居民使用。以上几种"共享空间"都有极为重要的意义。一是大大提高空间的利用效率。二是大大增强社区的凝聚力与归属感，培育社区的"共享意识"。三是推动社区的社会资本。利用社区空间推动社会资本，更多就是体现在社区"共享空间"上。社区"共享空间"是社区的社会枢纽，对衍生社会资本有着重要意义。在"共享空间"中，人与人互动，有助于打造"熟人社会"。

在农民集中居住社区，"共享空间"还可以在以下三个方面得以强化。一是注重居民需求的平衡。农民集中居住社区的人群多样，这些人群各有需求。"共享空间"应尊重人群的需求，并加以平衡，保障各类人群的需求都能得到满足。二是创造老少一体化的社区空间，即老年人与儿童的共享空间。对于老年人而言，老少一体化的空间有利于缓解老年人的孤独感，使其融入社区。对于儿童而言，可增加其体验。这种空间设计为老年人和儿童双方提供更多的交流机会，带给他们更多的快乐。老少一体化的空间对于社区社会资本也非常重要，不仅有利于社会资本在老年人与儿童中的集聚，还会对社区的年轻人带来一定影响，鼓励他们参与社区活动，加强与社区联系，从而衍生社会资本。三是在社区空间有限的情况下，社区"共享空间"还可以通过弹性空间的形式进行塑造。在苏州就有与弹性空间相关的案例。比如，有的社区由于历史原因，空间十分紧张，限制了居民活动的开展，居民需求无法得到满足，社区工作者开动脑筋，弹性利用有限的空间，取得了不错的效果。早上老年人在此进行晨练；中午老年人用来休憩；下午社区开办"三点半课堂""四点半课堂"；学生放学后在此学习与交流；晚上党员在此开会与开展其他活动。

五、将"虚拟空间"与"实体空间"有机结合

目前网络的普遍使用改变了社会治理与社区的治理形态。网络可以丰富城市社区的治理手段，但其主要聚焦"虚拟空间"，代替不了"实体空间"。在网络社会的背景下，城市社区治理应将"实体空间"与"虚拟空间"有机结合，两者相得益彰，共同推进。比如，在不少城市社区中，社区议事会普通环节已经实现通过网络进行，关键节点通过"实体空间"完成，取得了良好的效果。农民集中居住社区也是如此，随着网络的日益普及，"虚拟空间"与"实体空间"有机结合，在未来必然大有作为。

六、做好空间引导

对于农民集中居住社区来说，还要做好空间引导工作。环境心理学中的生态直觉理论告诉我们：人们对空间的错误使用，并不一定是使用者的问题，有些情况下，是因为空间设置不当。环境的物质特征与社会特征一旦向周围需要它的人们展示了它的功能意义，人们就会发现和利用它。如果人们不能发现与利用，或者错误利用，说明空间的安排不当与引导失误。[1]

我国不缺乏这方面的案例。例如，某地建的碗形大盆景，尽管外观

---

[1] 林玉莲，胡正凡. 环境心理学[M]. 2版. 北京：中国建筑工业出版社，2006.

很美，但是周围没有配置垃圾箱，游客"误将"碗形大盆景当作垃圾箱。在不少农民集中居住社区，这样的空间安排不当经常发生。老百姓的空间心理与规划设计者的空间心理不完全一样，因为他们的生活背景不一样。规划设计者应当多去了解老百姓的需求，尤其在规划设计农民集中居住社区时，更应如此。根据农民的特点做好空间引导工作，十分必要且重要。

七、加强公众参与

尽管在苏州农民集中居住社区，居民的参与度有了一定的提高，但还是远远不够。公众参与是社区空间塑造中一个永恒的主题。

在空间塑造中，"哈克尼现象"值得借鉴。英国政府曾决定对衰退地区进行改造，但居民并不愿意离开破旧的老住宅，搬进设施更好的新住宅，原因是这些新住宅缺乏人情味。建筑师哈克尼于是深入群众，了解他们的喜好，设计出了传统的建筑样式，满足了居民的要求。"哈克尼现象"是值得每一位规划师学习的。

在《社区设计》一书中，美国学者阿瑟·梅尔霍夫讲述了一些规划师的工作态度，也十分值得我们借鉴。一些规划师为了设计出更好的作品，深入社区，与居民同吃同住，积极互动交流，同时采取多种措施激发社区居民参与的积极性。一般而言，在一个具体项目的开展阶段，规划师深入社区三天，这三天与居民同吃同住，召开座谈会，甚至搞联欢活动。为了充分征询居民的意见，他们会采取一些策略，例如，采取"集中群体"的方法，允许一些特殊人群（小孩和老人）发表他们对社区的看法。和其他人群相比，这部分群体可能原本没有同等参与决策的机会。"集中群体"的方法，可以使他们大胆发表自己的意见，也可以表达他们的特殊要求。在集中三天调研后，规划师还要定期回访，听取反馈，多方论证。[1]

八、科学利用公共空间的产权

在农民集中居住社区，要善于利用社区公共空间，使之效用最大化，还需要对产权进行合理安排。经济学家德尔博格形象地指出搞清楚产权的重要性："给农民以土地的所有权，他们会把沙漠变成绿洲；如果让农

---

[1] 阿瑟·梅尔霍夫. 社区设计 [M]. 谭新娇, 译. 北京：中国社会出版社，2002.

民以租赁的方式来经营土地，他们又会把绿洲变成沙漠。"[1]

社区公共空间缺乏产权，会导致两种后果。一种是空间争夺与滥用。在很多农民集中居住社区中，一度出现围绕公共车库放杂物，导致空间杂乱与无序的现象。另外一种是空间无人过问。这样的空间往往被当作垃圾场后，就更杂乱无章了。笔者认为，最好的解决办法是把空间赋予产权，利用产权激励居民合理利用空间。我国就有相关的案例，某一社区曾经有一块公共空地因无人管理变成了垃圾场，后来社区把空地承包给社区老年人组织看护，结果老年人群策群力，在空地上种上花，美化了社区环境。同时老年人轮流看护，还成立了一个社团，这个社团最终发展成为治理类"草根"社会组织，取得了社区生态建设与社会建设的双丰收。

九、加强研究

农民集中居住社区的建设在我国是一个新生事物，发生在最近的10~20年，几乎无先例可循，需要"试错性"探索。我国目前关于空间的研究几乎全部集中在城市与农村社区，少量对农民集中居住社区的研究，也几乎都是从规划学、建筑学、工程学角度出发的，从社会学、心理学、管理学角度进行的研究比较匮乏。我国农民集中居住社区一些现实的情况，需要我们把社会学、心理学、管理学等理论与方法有机渗透在规划学、建筑学、工程学中，实现科学、人文、理工等的结合。理论决定实践，研究决定路径，目前这种研究比较薄弱的状况，很显然对农民集中居住社区空间利用是不利的，为此需要加大研究力度，建立中国特色农民集中居住社区的人文研究体系。

1. 加强对社会性的研究

农民集中居住社区的建设，不仅是一个建筑工程，更是一个社会工程，要加强对社会性的研究。有一个居民区，蚊蝇丛生，空气污染，住房紧张，居民区被外界污名化。但是调查社区居民，结果令人吃惊，居民的满意度相当高，55%的居民认为环境整洁，77%的居民认为空气质量良好，82%的居民认为居住条件良好，80%以上的居民认为饮用水设施良好。为什么居民自我感觉良好？这一度令专家感到疑惑，研究下来

---

[1] 张新光. 建国以来集体林权制度变迁及政策绩效评价：以大别山区的河南省新县为例 [J]. 甘肃社会科学, 2008 (1)：160-164.

发现原因在于土地的混合利用。由于空间较小，居民们将空间多功能混合利用，结果促成了三个效应：一是居民的日常活动，上学、就医、娱乐十分方便；二是紧邻的居民区，特别方便居民交流；三是街巷成为居民的公共活动中心、儿童的游戏场、老年人的交流地，居民在一个特定的小空间中交流、接触，久而久之，形成了一种亲密的邻里关系，这是混合小空间的优势。居民们喜欢自己居住的空间，因为他们世代居住于此，产生了情感上的依恋。强烈的扎根意识与归属意识使得他们喜欢这种生活方式与环境。严格来说，很多居民记忆中的熟悉的场所，往往"其貌不扬"，但在他们的日常生活中有着不可替代的作用。如农民集中居住社区的小祠堂代表着信仰、传统等，弥足珍贵，但在城镇化的大潮中，这些小祠堂非常容易被毁坏。因此，加强对农民集中居住社区空间社会性的研究非常必要，也是刻不容缓的。

2. **加强对空间范式的研究**

空间设计有一定范式，不同的范式导致不同的设计路径。生态直觉范式认为空间设计应符合人的天性。人对空间有一个本能的判断，空间应当尊重人的这种本能判断。比如，某处没有设置道路，但是人们在这里踩出了一条道路，说明这里应当设置一条道路。而概率直觉范式认为，人们受时空局限性的影响，对空间的判断不是非常精确，只能是一种概率精确。生态直觉范式告诉我们，设计要尽量符合人的天性，满足人的直觉需求。概率直觉理论告诉我们人的认知是有限的，作为一名空间设计者，要不断进行学习，只有这样才能设计出令人满意的作品。

具体到农民集中居住社区，对空间范式进行研究也是十分必要的。什么情况下遵循生态直觉范式，什么情况下遵循概率直觉范式，不是由设计师决定的，而是由居民决定的，因此，要调研居民的意愿与需求。同样的道理，什么样的社区遵循生态直觉范式，什么样的社区遵循概率直觉范式，也是必须加以调查与研究的。

3. **加强本土化的研究**

加强对社区公共空间的研究，还要坚持本土性。我们现有的理论与方法都基于西方，如何探索本土化，是一项值得做的且必须要做的课题。在空间设计中，西方有共享空间的概念，这种共享空间主要满足"人看人"的需要。亚历山大认为，每一种亚文化都需要公共生活中心，在其中，人们可以看人，也被人看。其目的是希望共享相互接触带来的益处。

而观察行为本身就是对行为的鼓励。[1] 我国江南民间小调曾经唱道："三月初三玄妙观，侬来看看我，我来看看侬。"就是人看人的一种境界。人看人，也喜欢被人看，反映的是人对社会交往、信息交流、社会认同的需要。

在当前的农民集中居住社区中，"人看人"没有那么简单。设计不当，"人看人"反而会引发误会或引起争端，不利于社区的和谐。因此，我们还要加强居民本土化的研究，科学打造符合社区实际的"人看人"空间，助推社区建设。

4. 加强对建设伦理的研究

为更好地利用农民集中居住社区空间，还要加强对建设伦理的研究，以下三个事项要注意。一是谁是真正的使用者。使用者是农民集中居住社区居民，因为他们之前是农民，所以既要考虑他们自身的生理、心理、行为等特征，也要考虑未来他们经历的转变。二是区别使用者的需求。农民有很多需求，但并不是所有的需求都能通过空间设计得到解决。除了要区分哪些需求空间设计能解决、哪些需求空间设计不能解决，还要区分合理需求与不合理需求，搞清楚哪些是能满足的、哪些是不能满足的。三是专业人员发挥什么样的作用。专业人员的知识需要同使用者的信息有机结合起来，针对所设计的具体环境，找到与使用者相关的信息，作为设计的依据。经验表明，农民对自己所需求的空间难以表达清楚，因此，需要设计者加以科学提炼。同时，需要采取各种接地气的调研方法，对农民的需求加以调研。

5. 加强对心理的研究

合理利用社区空间尤其是公共空间，还要考虑居民的心理，加强对居民心理的研究。治理就是治人心，人心顺了，一切问题迎刃而解。但以往我们往往忽略了这一方面，不考虑农民的心理，甚至把农民跟城市居民一样对待。在农民集中居住社区建设的初始阶段，我们经常犯这样一个错误：一个社区只建一个游乐中心。在大多数城市社区，一个社区建一个游乐中心就可以了，居民最多走一段路去游乐中心。但农民集中居住社区就不一样，农民并不习惯走一段路去游乐中心，这不是"空间距离"问题，而是"社会距离"问题。因此，应当加强研究，在设计时考虑全面，把游乐中心分散布局到各个小区中，使更多的农民受益。

---

[1] 林玉莲，胡正凡. 环境心理学[M]. 2版. 北京：中国建筑工业出版社，2006.

6. 加强对"抽象继承"的研究

在利用空间方面，还要加强对"抽象继承"的研究。在历史文化保护中，有一种方法是"抽象继承"，即把乡土的"内涵"继承发扬并整合到现代社区中。现代化并不意味着传统的消失，现代化虽然使农村社区失去其"形"，但可以留住其"神"。在目前农民集中居住社区的建设与治理中，也可以运用"抽象继承"方法。例如，传统的农村社区的主要特点是人与自然的和谐，天人合一。在农民集中居住社区中，探索如何实现人与自然的和谐，也算是一种"抽象继承"。加强这方面的研究，可促进农民集中居住社区的治理。

第八章

因地制宜治理

社区治理是一门大学问，包含众多环节。社区治理的首要原则是因地制宜，因地制宜是治理好社区的关键所在。当前在农民集中居住社区，因地制宜地开展社区治理工作主要体现在"一居一品"建设方面。本章首先阐述因地制宜治理社区的重要意义。其次分析我国对于社区因地制宜治理的探索。最后将因地制宜的落脚点聚焦在"一居一品"建设上，通过解剖"一居一品"个案，对进一步因地制宜开展农民集中居住社区治理工作进行探讨。

第一节 因地制宜治理社区的重要意义

一、因地制宜治理可以更好提供社区服务

满足居民的需求，为居民提供优质的服务，是社区治理的第一要旨，也是永恒主题。目前我国各个社区都在积极探索为居民提供优质服务，积极争先创优。因地制宜治理是提供社区服务的基础与前提，缺乏因地制宜治理，社区服务就会陷入无序的状态。只有因地制宜治理，适当聚焦资源，才能有针对性地提供服务。目前我国社区（小区）类型众多，保障房社区、商品房社区、农民集中居住社区、特定人群集中社区等各类社区的居民对社区服务有着不同的需求，不能无差别地提供服务，要尊重他们各自的特定需求，提供适合的服务。要满足更加精细的个性化需求，就必须因地制宜地开展服务，这样才能做得更好、做得更精。从宏观上看，农民集中居住社区有其特殊性，它既不同于传统的农村社区，

又有别于城市社区，完全按照城市社区与乡村社区的逻辑提供服务是不合时宜的。因此需要洞悉农民集中居住社区居民的需求，为他们提供针对性的服务。从微观上看，农民集中居住社区内部也有差别，有的更接近城市社区，有的更接近农村社区，有的社区社会资本相对雄厚，有的社区社会资本比较薄弱……需要我们因地制宜，有针对性地开展社区的SWOT分析[1]，从而做好社区服务工作。

二、因地制宜治理能够有效调动社区资源

社区治理的本质是整合社区资源。如何有效调动社区资源，是社区需要研究的一项课题。实施因地制宜治理，对调动社区资源非常关键，可以理顺社区的工作要点，梳理社区的重点，归类社会资源，从而有的放矢地采取措施，激励特定的人群投入社区治理，达到事半功倍的效果。因地制宜治理就是根据各类人群的不同之处，采取相应的措施调动他们的积极性，从而最大化地调动社会资源（社区资源），投身社区服务事业。不仅如此，因地制宜治理还能够加强相同类型社区彼此之间的沟通和联系，促进政府部门、社会组织、志愿服务团队、辖区单位、社区居民等各类组织和个体之间产生联系，从而使资源能得到更加充分的挖掘和利用，推动区域整体社会治理能力的提升。从总体上看，在各种类型的城市社区中，农民集中居住社区的资源最为匮乏。主要原因在于农民集中居住社区居民相对比较弱势且同质性强，体制变化也导致社区凝聚力下降。在这种情况下，更要因地制宜调动社区资源。一方面，虽然社区同质性比较强，但是也不乏潜在资源，尤其社区"五老"的存在，更是一种宝贵的资源，因此，要做好调查工作，有针对性地调动社区居民的积极性，让他们为社区建设贡献一份力量。另一方面，在体制变迁的过程中，应尽快出台有针对性的措施，整合社会资源，夯实社区社会资本。

三、因地制宜治理有助于有针对性地解决社区问题

社区治理的一个重要方面是解决社区存在的问题，使居民有一个美好的生活环境。缺乏因地制宜治理，社区治理就会陷入困境，不利于分

---

[1] SWOT分析是基于内外部竞争环境和竞争条件下的态势分析。SWOT分别代表Strengths（优势）、Weaknesses（劣势）、Opportunities（机会）和Threats（威胁）。

析问题、研判问题、介入问题，解决问题的深度与力度自然受到影响。而因地制宜治理，重点突出，可以深挖问题，有助于有针对性地解决社区问题，提高社区治理效率。目前我国社区治理面临的问题复杂多样，解决这些问题，不能局限于一种思维、一种方法、一种模式，因地制宜治理是最好的选择。当前，农民集中居住社区存在很多社会问题，问题错综复杂。这些社会问题具有很强的本土化特征，不是普通的方法能够解决的，需要因地制宜地进行研究，从而有针对性地解决。

四、因地制宜治理有助于创新治理手段

随着我国社会建设如火如荼地推进，很多社区都在探索治理手段的创新。从社会治理角度讲，因地制宜就是最大的创新。不同类型的社区，不仅居住人群的年龄、职业不同，在基础设施、区域环境、物业管理等方面也存在较大差异，单一的治理模式越来越难以适应社区多元化的发展需求。只要能针对自己社区特点，有针对性地做好自身的事情，就是有效创新。在条件相似的情况下，经验可以适当借鉴，但是绝对不能照搬。在条件迥异的情况下，借鉴不可行。在现实中有不少社区工作者发现，在某一类社区非常好用的治理方法，到另一个社区却全然不适用，这是因为不同社区的"痛点"与"难点"不同，所以开展工作的方式和方法也不尽相同。只有坚持因地制宜治理，各个社区有针对性地探索创新的治理手段，才能更好地治理社区，满足居民的需求。

五、因地制宜治理可以促进社区工作者的专业化

社区工作者的专业化是社区治理的根本保障，也是社区工作者队伍建设的根本方向。因地制宜治理能够促进社区工作者的专业化，只有实现因地制宜治理，社区工作者才能更深入、更细致地开展工作，充分运用各种专业的方法解决问题，使理论与实践相互结合，夯实自身的实践能力。实施因地制宜治理，将会大大提升社区工作者队伍建设的水平。目前，农民集中居住社区的社区工作者主要源自两部分：一部分来自既有体制的延续，这是考虑到过渡性而采取的措施；另一部分是新招募的社区工作者。这两部分工作人员都有自身的"缺陷"，前一部分社区工作者虽然本土化比较强，但是现代化比较弱；后一部分社区工作者现代化比较强，但本土化比较弱。笔者认为，提升社区工作者的素质，同样需要因地制宜，必须研判社区问题，梳理社会资

源，分析人员特点，根据社区实际与人员特征，让合适的人做合适的事，提高治理效率。

六、因地制宜治理能够形成社区的抓手

在社区治理中，抓手十分重要，找到抓手，就能对症下药，使社区治理不断提质增效。因地制宜治理能够形成社区的抓手，国外也是如此，美国社区报就是很好的例子。

美国居民的隐私意识极强，在这种情况下，美国的社区治理面临的难题如下：以什么为纽带将社区居民联系起来？如何在尊重居民隐私的前提下，实现社区的有效治理？要想破解这些难题，找到合适的抓手十分关键。美国不少社区在进行因地制宜的探索时，从两个维度进行了考虑。一方面，从社区建设角度讲，抓手要具有公共性，即通过抓手，能够促进社区居民的交往，增强社区居民的归属感，参与处理社区的公共事务。另一方面，从文化角度讲，抓手要重视既有文化，保护居民的隐私权。在这种逻辑下，最好的抓手无疑就是社区报，社区报可以实现人际联结，增强社区凝聚力，但又不破坏居民隐私权。

美国社区报的主要内容是社区新闻、广告、国家与国际大事（跟居民生活有关的国家与国际大事）等。社区报的主要作用如下。一是增强居民的社区归属感。比如，一对年轻夫妻结婚，社区报用了整个版面进行报道。如此举措，这对年轻的夫妻怎能不对社区产生归属感？另外，丰富多彩的社区活动也会增强居民对社区的认同感与归属感。二是开展社区教育。对于一些社区居民的不当行为，社区报推出了社区评论栏目。如有的居民将超市的手推车推到了自家门口，社区报针对此行为进行了点评，利用舆论规范和约束居民的行为，维护社区的秩序。三是培养社区能人。在社区评论栏目经常发表评论的居民，基本上可以判定是有爱心、有责任心、有公益心的人。要善于发掘这样的人，推动社区的治理工作。四是维护社区公益。有了报纸这一载体，居民集思广益，共同致力于社区公益的发展。

与其他类型的社区相比，农民集中居住社区的社会问题比较多，并且具有耦合性，治理难度很大。在这种情况下，抓手选择十分重要，好的抓手可以以点带面，全面推动社区的治理工作。当然，只有做好调查工作，充分分析社区的状况，才有可能选择科学的抓手。

七、因地制宜治理成为我国社区治理的新趋势

目前在我国，为了更好地推动社区治理，很多地方都在积极探索因地制宜的举措，大体经验如下：社区依据自身的群体特性和资源特征，深入分析居民需求和社区问题，形成每个社区"一特征三清单"，即居民区主要特征、需求和问题清单、资源清单、服务清单，与社区需求有机匹配，促进良性互动，筛选适合的治理方法，提高社区治理的针对性和有效性。农民集中居住社区也是如此，在因地制宜治理成为我国社区治理的新趋势的背景下，加强因地制宜，推动社区建设，也是一项重要任务。

第二节　我国对于社区因地制宜治理的探索

社区因地制宜治理在我国是一个老话题，不少学者与实务工作者进行了大量的研究与探索，形成了不同的分类方法，其中有按照人群划分社区治理的，有按照主导角色划分社区治理的，也有按照社会交往度与社会活跃度两个维度划分社区治理的，等等。这些划分方法给农民集中居住社区的社区治理提供了一个较好的启示。

一、按照人群划分社区治理

按照人群划分社区治理，即按照社区所居住的居民划分社区类型并进行有效治理，是我国目前普遍采用的一种分类方法。在这种框架下，我国城市社区至少可以分为老社区、新型商品房社区、农民集中居住社区、特定人口集中社区等，每一类社区类型都有各自的特点。

老社区有的是单位体制下形成的，有的是传统街区体制下形成的，也有的是在商品房基础上形成的（商品房建成的时间比较早，社区历史相对久远）。老社区是一个"熟人社会"，优势是居民之间比较熟识，社区有着较好的邻里关系，不足之处是基础设施不足和资源缺乏。社区治理的重中之重就是挖掘资源，因此，在老社区，近些年来出现了"结对子""志愿者库""社区大院"等创新模式。

新型商品房社区是近些年（主要是2000年后）随着住房市场化形成的社区。相对而言，新型商品房社区是一个"陌生人社会"，优势是社

区的设施比较完善，人的现代化程度比较高。不足之处是社会资本缺乏，居民之间比较陌生。社区治理的重中之重是培育社区社会资本，因此，在新型商品房社区，最近出现了旧物互换、废物储蓄、爱心邻里卡等创新模式。

农民集中居住社区是随着城镇化大潮农民拆迁安置形成的社区，农民集中居住社区是一个"半熟人社会"，优势与不足介于老社区和新型商品房社区之间。其社区社会资本总体上比新型商品房社区强，比老社区弱，基础设施总体上比老社区强，比新型商品房社区弱。现阶段社区治理的重中之重是帮助居民实现生活方式的转变，一方面要依赖社会资本，另一方面要依赖制度资本。生活方式转变的诸多创新，本书前面的章节已经有所呈现。

特定人口集中社区种类比较多，比如，保障房社区、流动人口居住社区（公寓）、科学家公寓等，这类社区的总体特点是人口同质性比较强，社区集中的基本是同类型的人，这一点与农民集中居住社区相似。社区的优势是同质性强，相对比较好管理。社区的劣势各有不同，比如，保障房社区居民属于弱势群体，社区活动的参与度很低。流动人口居住社区（公寓）因为人口流动性比较强，给管理造成一定难度。而像科学家公寓之类的社区往往封闭性比较强，与其他社区建立联系就比较困难。

当然这是一种粗线条的分法，具体到每一种类型下，在共性的基础上，同种类型的社区也有各自不同的特点。在这种分析框架下，农民集中居住社区的优势与劣势都是比较明显的。我们要做的是扬长避短，使社区治理更上一层楼。

二、按照主导角色划分社区治理模式

我国有不少学者按照主导角色对社区治理模式进行了划分，主要有行政主导型模式、企业主导型模式、居民自治型模式、专家参与型模式四种，这也是常见的一种划分方法。行政主导型模式是社区治理以政府引导为主，对行政的依赖性较大，政府在社区治理中发挥了主体作用，行政手段成为社区治理的主要方式。企业主导型模式是市场主体（如房地产企业、物业公司等）在社区治理中发挥了重要作用，物业实际上成为社区治理的核心与中坚力量。居民自治型模式是在党和政府的领导下，居民自治在社区中发挥了主要作用，居民踊跃参与，社区真正体现出共建、共治、共享。专家参与型模式是居民的能力有限，社区恰好又有专

家这种智力资源，让专家以各种形式参与社区的治理，为社区的发展出谋划策，使社区少走弯路。（表8-1）

表8-1　按照主导角色划分的社区治理模式[1]

模式	特征	优势	劣势
行政主导型模式	依靠行政力量提供社区公共服务与开展社区治理，推动社区发展	资源动员、整合与组织能力强，能够在短时间内推进社区治理	居民参与不足，较为被动
企业主导型模式	依靠市场主体（如房地产企业、物业公司等）提供社区公共服务与开展社区治理，推动社区发展	能够调动有情怀的房地产商与物业主动承担公共服务；市场化机制效率比较高	仅由市场去做，难以应对市场失灵的风险；需要一定的运气与条件，普适性方面没有保障
居民自治型模式	社会力量，尤其是社区居民自发组织起来的社区社会组织提供社区公共服务与开展社区治理，推动社区发展	能够突出共建、共治、共享的宗旨，体现社区本色；居民主导社区治理，更熟悉社区环境与群众诉求，治理方式与治理内容更符合实际需要	社会组织动员资源力量弱，可持续发展限制较多
专家参与型模式	专家学者通过提供咨询或者以直接介入的方式参与社区事务，为社区治理创新提供必要的智力支持与社会资源	能够借助专家资源为社区治理所用；可以做出科学设计	需要一定的运气与条件，普适性方面没有保障；可持续发展面临挑战

尽管社区是自治单位，但是行政主导型模式目前在我国比较常见。原因有两个方面。一方面，我国很多社区基础设施建设比较薄弱，社区依靠自身难以走出困境。在这种情况下，政府必须加以主导，之后逐渐过渡，直至政府主导越来越少，社区自治越来越多，最终社区自治占据主导地位。另一方面，我国不少社区行政化明显，居委会更多依赖政府，导致行政主导型模式占据主导位置。企业主导型模式目前多见于新型商品房社区，市场机制发挥了重要作用，物业在社区治理中的作用显著。笔者所在的苏州工业园区的许多社区就是这种模式，物业实力比较强，

---

[1] 李红娟，胡杰成．中国社区分类治理问题研究［J］．宏观经济研究，2019（11）：143-157．

提供的服务比较丰富。在企业主导型模式中，很多情况下，居委会甚至成为物业的助手。专家参与型模式也可见于多个社区，如果社区恰好能够拥有专家资源，而专家又有为社区服务的意愿，同时社区事务又需要专家的参与，那么专家参与型模式就有存在的价值。居民自治型模式是社区治理的最为理想的模式，也是社区治理的终极追求之所在。居民自治型模式并不意味着只有居民自治发挥作用，其不排除政府的引导、专家的参与、企业作用的发挥，但是这些只起辅助作用，主线还是居民自治。

按照这种类型划分，我国农民集中居住社区基本上都属于行政主导型模式。由于原有社区架构的解体，加之居民的现代化程度较低，社区稳定性方面显然不如老社区，居民的素质不如新型商品房社区居民。在这种情况下，尚没有条件运用居民自治型模式，行政主导型模式是必然选择，但是行政主导型模式只能是权宜之计。以政府干预为起点，利用政府干预促发社区建设，整合各种资源，调动居民参与，形成各种人际网络，加强社会资本建设，努力向"熟人社会"迈进，最终实现从行政主导型模式向居民自治型模式的转变。

三、按照社会交往度与社会活跃度两个维度划分社区治理

我国学者冯猛在《特大城市社区分类治理：理论框架与实践应用》一文中，提出以社会交往度与社会活跃度两个维度为依据，将社区划分为四种类型。第一种类型是低社会交往度——低资源活跃度的社区。居民之间比较陌生，社区治理资源不足，居民参与不踊跃，社区活动开展不充分。第二种类型是高社会交往度——低资源活跃度的社区。居民之间比较熟悉，甚至关系密切，但社区治理资源有限，治理活动比较单一。第三种类型是低社会交往度——高资源活跃度的社区。部分居民已经开展了丰富多彩的治理活动，社区治理得有声有色，但总体上居民之间比较陌生。第四种类型是高社会交往度——高资源活跃度的社区。居民之间比较熟悉，社区治理资源充足，居民参与踊跃，社区活动开展得比较充分。

在低社会交往度——低资源活跃度的社区中，由于人们交往少，社区活动少，无法通过日常交往形成规则，也不能通过治理活动建立规则，因此需要推出权威的整合模式，强有力的统筹者主动出击，整合多种力量，建立规则。在高社会交往度——低资源活跃度的社区中，社区的短

板是技能，社区治理活动的开展缺乏必要的社会工作的方法。在这类社区中，居民关系是紧密的，人与人之间是熟悉的，但是由于受传统思维的影响，且缺乏科学的方法提升治理水平，因此，引入专业性的组织是必须的，这样可以补足社区短板。在低社会交往度——高资源活跃度的社区中，社区居民之间比较陌生，不足以形成支持社区持续发展的社区氛围。虽然社区已经局部运用先进的治理方法，或者部分居民掌握了社区治理的方法，但需要将这些方法推广至更多的社区。在高社会交往度——高资源活跃度的社区中，社区表面上不存在任何短板，但是无论社区正常运转还是推动社区向前发展，都需要探索性的机会，社区需要自我成长模式，充分发挥居民的作用，调动居民的积极性，创造与捕捉更多的发展机会。[1]

按照学者冯猛的社会交往度与社会活跃度两个维度划分的社区治理，农民集中居住社区多属于第一种类型"低社会交往度——低资源活跃度社区"及第二种类型"高社会交往度——低资源活跃度社区"。对于这种现状，要采取针对性的措施加以解决。一是强调政府的作用。在社区治理的起始阶段，政府要强有力地推动各种平台的搭建，激发社区的活力，尽快使社区进入正轨。走上正轨后，政府可以把重点放在指导监督与链接资源上，推动社区"自组织"。二是依赖专业社会组织的介入。随着社会建设的不断推进，专业社会组织在社区治理中发挥着日益重要的作用。我国各地也给出了很多好的政策，激发社会组织扎根社区，推动社区治理。以苏州为例，自2011年以来，通过公益创投项目、社区党建为民服务项目、社区服务社会化项目、各种政府专项购买项目等，特别是近年来推出的社会工作站（室）建设，专业社会组织有效地"盘活"了社区，在带动居民自治方面成效显著。专业社会组织可以在多个层面提高农民集中居住社区治理的质量，比如，辅导社区工作者开展业务；帮助物业管理人员增能；协调社区各种力量，形成合力；支持孵化与培育各种"草根"社会组织，助推社区"自我组织"与"自我管理"等。另外，专业社会组织拥有的先进的理念与方法，是农民集中居住社区尤其需要的，这种先进性与社区的本土性相互结合，是农民集中居住社区治理的关键所在。农民集中居住社区受条件限制，

---

[1] 冯猛. 特大城市社区分类治理：理论框架与实践应用［J］. 福建论坛（人文社会科学版），2020（11）：171-180.

短时间内难以走出困境,适当地依靠外来的专业社会组织,是实现弯道超车的最好途径。

第三节 农民集中居住社区"一居一品"建设的个案分析

近些年来,苏州很多农民集中居住社区都在探索因地制宜治理,形成了不少亮点与经验。但是对社区因地制宜治理方面的探索,最主要体现在社区"一居一品"建设上。社区在干好全面治理工作的基础上,突出重点,在某一方面花大力气,通过工作重点带动社区治理工作的全面提升。笔者亲身参与过白洋湾街道"一居一品"建设,这个街道在推进"一居一品"建设方面力度非常大,其下辖的两个农民集中居住社区"一居一品"建设也颇具典型性。以白洋湾街道为个案,总结"一居一品"建设的经验,对因地制宜地推动农民集中居住社区治理,有很大的帮助。

一、白洋湾街道推动"一居一品"建设的背景与做法

早在20世纪初,我国不少社区就开始了"一居一品"建设。苏州也是如此,2012年左右开始了"一居一品"建设的进程。尽管多数区、市(县级市)、街道并没有"正规地"下达"一居一品"任务,但是很多社区都在推进"一居一品"建设。据笔者的不完全统计,全苏州约1/3的社区都曾开展过"一居一品"建设,其中包括很多农民集中居住社区。

白洋湾街道位于苏州市姑苏区西部,有着大量农民集中居住人口,下辖多个社区,是农民集中居住社区。为了更好地推动社区治理,2014年年初,白洋湾街道下发关于印发《白洋湾街道关于开展"一居一品"特色项目创建活动实施方案》的通知,提出了"一社区一品牌"创建活动。之所以高度重视"一居一品",主要基于三个方面的考虑。其一,白洋湾街道辖区人口呈现失地农民多、新苏州人多、中低收入人群多的"三多"状况,社会治理任务非常艰巨。"一社区一品牌"创建活动能够形成抓手,调动一切可以利用的资源投入社区治理,缓解社区治理压力,提升治理效率。其二,作为一个原隶属郊区的"区块",辖区人文资源

相对比较薄弱,在社区治理中居民的能动性较弱,参与能力不强。只有找好抓手才能奋力追赶,实现弯道超车。其三,由于辖区多是农民集中居住社区,部分社区工作人员由以前村庄转制而来,尚不熟悉城市社区的治理方式。"一居一品"的实践,可以使社区工作者不断增能,提升治理能力,从而更好地为居民服务。

  白洋湾街道要求各个社区通过多种渠道和方式征集并筛选民生需求,并以此为导向进行项目化设计,确定品牌名称,采取政府购买的形式,就地招募"草根"社会组织承接运作。条件允许的,还要按项目书完成服务场所的布局和活动空间的配置。街道将社区公益品牌作为纽带,通过项目运行过程中的主体重塑、角色重定、流程再造、机制重构,达到吸引居民参与、优化公共服务、创新社区治理的目的。总体要求是一个社区要形成一个由"草根"社会组织承接的品牌项目。街道的"一居一品"从开始就与培育"草根"社会组织结合起来,更提升了"一居一品"的拉动效应。

  白洋湾街道的"一居一品"从 2014 年年初一直持续至今,已经制度化。街道制定了考核方案,每年都要对"一居一品"建设进行考评,并整合在街道对社区的总体考核之中。"一居一品"的评审工作采取日常考核(表 8-2)与年终考核(表 8-3)相结合的办法,其中日常考核占 50%,年终考核占 50%,年度考核得分为日常考核得分与年终考核得分之和。日常考核结合社区"一居一品"工作开展情况进行综合考评,年终考核由专家评审和大众评审组成。街道设立"一居一品"考核工作专项资金,给予考核"优秀"和"合格"的单位相应经费作为鼓励,考核结果优秀的可作为社区工作者年度先进评定的依据。

表 8-2 "一居一品"日常考核

考核分类	考核名称	考核内容	得分(打分/满分)
工作机制	统筹工作	主要领导亲自抓工作;各项事宜有专人负责;工作计划和工作总结材料完整,内容翔实	__/10
	资金管理	"一居一品"项目经费落实到位;项目资金使用流程合理、规范	__/10

续表

考核分类	考核名称	考核内容	得分（打分/满分）
项目实施	资料存档	以电子资料存档为主。资料分类规范、合理，内容真实、详细。注：如用电子屏、宣传橱窗等对项目进行宣传，以宣传照片为考核依据	__/10
	"互联网+"	"掌上社区"云平台的建立和运营工作。基础分5分，根据各社区平台建设情况酌情给分	__/10
	线上宣传	充分利用街道微信公众号，及时发布项目动态和进展	__/5
	活动开展	在街道举办的各类活动（例会、培训等）中，项目工作组出席人数应不少于工作组总人数的70%。以签到表和现场照片作为评价标准，根据出席情况评估给分	__/10
项目成效	媒体报道	品牌活动应邀请媒体［纸媒、电视（电台）媒体、网络媒体等］进行报道宣传，根据媒体报道情况给分	__/15
	居民评价	居民对"一居一品"建设工作满意率达95%及以上，得20分。满意率每少5%，扣5分	__/20
	评估展示	项目工作组应定期自我评估和总结，并举办展示活动，原则上每半年不少于1次。基础分5分，根据展示活动的质量、规模、成效等方面酌情给分	__/10
总分			__/100

表 8-3　"一居一品"年终考核

考核分类	考核内容	得分（打分/满分）
专家评审	项目组应做总结报告，专家评审团听取报告后，从项目设计、日常管理、实施成效、现场表现等方面综合评价社区"一居一品"项目开展情况	__/60
大众评审	社区居民代表听取报告后，对社区"一居一品"项目从满意度、参与感、认可程度、开展情况等方面进行评价打分	__/40
总分		__/100

年终考核采用"现场汇报—当场打分"的形式。评委分为两部分，大众评委共计 40 人，由 8 个社区各推荐居民代表 5 名，其中老年人代表、残疾人代表、党员代表、青少年家长代表、居民骨干代表各 1 名。大众评委每人表决意见，同意计 1 分，不同意计 0 分。专家评委共计 5 人，来自高校相关专业的教师、区民政局的工作人员等，5 人合计 60 分。除了打分，专家评委还从专业角度现场解答各项目组的问题，对各项目实施过程中遇到的问题予以引导，并对各品牌项目今后的发展给出专业的建议。

在白洋湾街道强有力的推动下，下辖各个社区纷纷投入，选择社区热点问题，进行"一居一品"建设，并不断完善和创新。其中两个农民集中居住社区的品牌比较有典型性，分别是富强社区"扶力社"品牌和金筑社区"筑绿园"品牌。

二、富强社区"扶力社"品牌

富强社区是白洋湾街道最早的农民集中居住社区，社区弱势群体较多。笔者对社区评估后发现，老年人、残疾人等一些社会弱势群体的困难日益突出。弱势群体在社会体系中处于底层，对社会风险的承受力低，加之社区转型带来的不利影响，容易出现问题。特殊困难群体的生活，牵动着社会各界的心，社区有责任也有信心为弱势群体提供帮助。弱势群体占总人口的 10%左右，他们是最需要帮助的人，社区应当举全社区之力帮助他们。在帮助弱势群体的过程中，社区的治理水平会同步得到提升，社区建设能力会同步得到加强。这是社区选择"扶力社"品牌的初衷。

6 年来（调研截至 2020 年），社区围绕辅助弱势群体这一主题，不断深化"扶力社"品牌，每一年都坚持举办上一年的活动，在此基础上酌情再进行新增或者细化品牌内容，不断完善和提高。从表 8-4、表 8-5、表 8-6、表 8-7 中能看出这种变化趋势。经过 6 年，扶助弱势群体已经深深烙印在很多居民的心中，这大大带动了社区建设。在这个过程中，居民之间的关系日益和谐，社区志愿者不断增多，居民参与社区事务越来越踊跃。

表 8-4 "扶力社"品牌 2015 年初始活动

序号	活动名称	活动内容
活动 1	"扶爱"助学爱心联盟	旨在发动社会爱心人士，力所能及地帮助有需要帮助的虽贫寒但有志向的学子，传递爱，让他们感受到来自社会的关怀，使他们用更健康、更积极、更乐观的心态去看待这个世界，勇于面对人生的挫折，从而为实现自己的理想去奋斗，长大做一个对社会有用的人
活动 2	"扶残"课堂爱心驿站	帮助社区残疾人更好地融入社区生活，对其进行关于康复、教育、维权、文化、体育、社会保障等知识的培训。增强社区残疾人生活自理能力，鼓励社区残疾人更加积极地参与社区文化生活，鼓励他们独立、自强。体现社会对残疾人的关心，推动社区助残活动进一步发展
活动 3	"扶残"趣味活动	大力弘扬人道主义思想，倡导帮扶助残的良好社会风尚，营造和谐、文明的社会环境。同时也让辖区内残疾人的业余生活更丰富、更充实，以此增加他们的自信心
活动 4	"扶老"书场爱心福利	为满足社区老年人不断增强的精神文化需求，进一步提高居民的素质，特此开展弹词开篇、评话等精彩的评弹文艺节目，将"评弹角"打造成社区的一个特色文化品牌，不断丰富居民的业余文化生活，提升社区的文化层次，有力地推进社区的建设
活动 5	邻里情爱心 call call	邻里守望从关爱做起，志愿服务立足社区，重点关爱空巢老人，用邻里守望编织社区的爱心网，用志愿服务使每一个遇到困难、渴望帮助的人得到及时的关爱。组织社区党员志愿者及社区志愿者与辖内孤寡、独居老人结成对子，开展爱心志愿"1+X"结对的关爱老人活动，便于志愿者与老人之间的联系和沟通
活动 6	"扶力"牵手，共享节日	我国的传统节日非常丰富，尤其是节日中蕴含的传统文化，是中国传统文化的重要组成部分。该活动鼓励残疾人和贫困家庭走进社区，感受节日的气氛，同时倡导文明、和谐、喜庆、节俭的理念，让传统节日保持旺盛的生机和活力
活动 7	扶力总动员	努力克服不足之处，采取更为有效的措施，认认真真、扎扎实实地做好结对帮扶工作，积极开展扶贫解困送温暖活动，切实把帮扶工作做好。通过走访、结对形式将帮扶工作进行到底

表 8-5 "扶力社"品牌 2016 年与 2017 年活动（部分）

序号	活动名称	活动内容	相比以前
活动 1	"管家在行动"邻里帮扶活动	完善志愿者团队建设（15 人），制定志愿者积分奖励机制，建立值勤体系，进行 4 次志愿者培训（志愿服务理念和伦理、志愿服务流程管理、志愿服务专业技巧、志愿服务项目活动设计）；以结对的形式定期上门帮助社区内的 11 名孤寡、独居老人，为他们提供居家照料服务（助洁、助医、助聊等），同时安排志愿者辅助建立长效档案机制	新增
活动 2	"圆梦学子"活动	为社区内 10 名贫寒子弟开展 1 次"圆梦学子"爱心企业捐款活动，让他们走出困境，勇敢地面对学习和生活，积极调整他们的心态，以最佳的状态面对生活和学习	细化
活动 3	暑期兴趣班	在暑期开展乐器兴趣小组活动，成立民乐器演奏团队，该团队由 10 名社区志愿者组成，丰富 5 名家境不好的社区青少年的暑期生活。同时根据整个项目涉及的所有活动内容、服务宗旨和想要达到的目的，编写剧本，招募居民志愿者参与表演，在小区内实地拍摄一部微电影，用于宣传教育，鼓励更多的居民参与共建文明、有爱社区	新增

表 8-6 "扶力社"品牌 2018 年与 2019 年活动（部分）

序号	活动名称	活动内容	相比以前
活动 1	"开心书场"乐汇富强	为满足社区老年人不断增强的精神文化需求，进一步提高居民的文化素质，链接外部资源，开展弹词开篇、评话等精彩的评弹文艺节目，将"开心书场"打造成社区的一个特色文化品牌，不断丰富群众的业余文化生活，提升社区的文化层次，有力地推进幸福社区的建设。开展和宣传具有苏州特色的地方文化，包括面临失传的白洋湾山歌，20 世纪 80 年代广为流传的越剧及锡剧等，为富强社区的居民尤其是生活单一的中老年群体带来欢乐，让他们从家里走出来，通过学一学、演一演、唱一唱，满足精神文化需求，从而更好地提高生活质量	细化

续表

序号	活动名称	活动内容	相比以前
活动 2	特别的爱给特别的你	通过入户走访、民意调查等，圈定社区中正处于特殊困境中需要帮扶的个体和家庭。链接学校、卫生院、环卫所等周边资源，根据实际情况，量身定制，进行帮扶	细化

表8-7 "扶力社"品牌2020年活动（部分）

序号	活动名称	活动内容	相比以前
活动	"99公益金"	"99公益金"的启动，使扶助弱势群体有了更强大的载体，进一步为老百姓带来了福音。社区通过了解和挑选，对真正需要帮助的弱势群体以圆梦想的形式进行资助	细化

三、金筑社区"筑绿园"品牌

金筑社区是一个农民集中居住社区，居民大多是城镇化进程中的失地农民。一方面，搬入新居后，想要拥有一块可以种菜养花的土地着实不易。为了圆梦，小区里有部分失地农民违反规则，在小区公共草地里搞起了"圈地运动"，种菜与养鸡、养鸭，不仅把小区搞得臭烘烘、乱糟糟的，更影响了本就脆弱的邻里关系，因毁绿种菜而引发的邻里矛盾时有发生。铲除一批后又会催生一批，安置房小区的"菜园子"成了社区最头疼的问题。另一方面，被征地后，很多农民的手里突然有了几代人都挣不到的财富，地没法种了，班也不想上了，有的人在金钱面前迷失了自己，一头扎进了棋牌室、麻将馆，如何引导被征地农民尽快适应并应对好变化，调节好身心，找到精神寄托，已成为重要的社会课题。金筑社区通过不断的摸索与尝试终于找到了解题方案——将"菜园子"搬到失地农民的大阳台上，把蔬菜种进盆子里，为居民找到种植的地方。有了这个想法后，社区分批进行入户宣传、开设盆栽蔬菜科普培训班，并邀请苏州市蔬菜研究所农学专家传授种植方法，让更多的失地农民掌握这项技术，用盆栽来美化家园，给家庭增添一点自然情趣。2013年6月，在市、区、街道科协的关心和支持下，在苏州市蔬菜研究所的帮助下，金筑社区利用社区空地与大阳台，创建了居民的"筑绿园"——集种植、观赏、收获于一体的盆栽蔬菜科普馆，并于11月19日正式揭牌。

"一居一品"创建活动开始后,社区打算继续利用这个优势资源,打造"一居一品"品牌,深化"筑绿园",推动社区建设。项目实施6年来,不仅为有土地情结的居民打造了一片新天地,还辐射到各种人群,为社区青少年与辖区(周边)学校学生打造了环境教育的新载体,为居民环境科普提供了一个好场所,为辖区贫困群体提供了帮助等。(表8-8至表8-10)"筑绿园"品牌强有力地带动了社区建设,集聚社区社会资本,培养居民自治理念,开辟居民自治实践舞台……

表8-8 "筑绿园"品牌2015年初始活动

序号	活动名称	活动内容
活动1	盆栽蔬菜——"筑绿蜂"志愿者团队在行动	组建一支以居民骨干为主的志愿者团队,协助社区做好盆栽蔬菜的推广工作,引导更多的居民加入盆栽蔬菜进家园的队伍,帮助他们快速地学习和掌握盆栽蔬菜的种植知识
活动2	盆栽蔬菜——"种植攻略"大讲堂	盆栽蔬菜集种植、观赏、收获、科普于一体,社区依托盆栽蔬菜科普馆,通过"种植攻略"大讲堂活动,向辖区居民进行知识的普及和技术的推广,邀请苏州市蔬菜研究所农学专家传授种植方法,科学指导,合理引导居民种菜,给居民家庭增添自然情趣,丰富居民的生活
活动3	变废为宝——DIY盆栽大比拼	大力倡导建设资源节约型、环境友好型社会。以变废为宝DIY为平台,让青少年在身体力行中体验收获的乐趣,提高环保意识,提高动手能力,创建绿色家庭
活动4	盆栽蔬菜——城市绿色农庄	以阳光大棚为活动平台,为社区失地农民提供良好的种植环境和条件,最终培养出盆栽蔬菜的种植达人,将种植技术在金筑社区内传授,争取每位失地农民都能种上盆栽蔬菜,真正实现建设城市绿色农庄的目标
活动5	盆栽蔬菜——"我植我秀"	盆栽蔬菜爱好者把自己种植的盆栽蔬菜展示出来,相互交流种植经验,由苏州市蔬菜研究所农学专家点评指导。举办盆栽蔬菜成果展示秀,既可以增进盆栽蔬菜爱好者之间的互动交流,传播种植技术,又可以使他们体会播种与收获的快乐

表 8-9 "筑绿园"品牌 2016 年与 2017 年活动（部分）

序号	活动名称	活动内容	相比以前
活动 1	"筑绿园"城市农庄	理论结合实际，组织居民尤其是青少年走进"筑绿园"实践基地，与专家面对面接触，专家手把手传授种植和养护技术，切身体验劳作的辛苦和乐趣。青少年通过实地参观，提高科学文化素养，普及蔬菜科普知识；与家长进行一次良好的交流，凝聚家庭的亲和力	新增
活动 2	盆栽蔬菜——科普零距离	社区通过科普基地向居民尤其是青少年宣传盆栽蔬菜的种植知识，介绍各种蔬菜的产地、特点和食用价值。青少年通过参观科普馆，与科普电子触摸屏互动，学习蔬菜的种植和了解蔬菜的生长过程，感受科技的发展，调动学习科学知识的积极性，逐步培养自觉学科学、用科学、爱科学的意识	新增
活动 3	盆栽蔬菜——我的"新伙伴"	以盆栽蔬菜种植为主的科普活动，针对大多数城里的孩子只认识蔬菜、不认识植物和不了解植物的生长规律而设计。每个学生选两种蔬菜种植，从多角度认识植物。认养确认后，在花盆上标识蔬菜名称和认养人的名字，认养人负责所认养蔬菜的日常管理工作。盆栽蔬菜认养活动不断激发学生学习科普知识的兴趣，培养学生的观察能力、动手能力和解决实际问题的能力，也彰显寓教于乐	新增
活动 4	盆栽蔬菜——护绿大使爱心结对	"筑绿园"城市农庄基地采摘的爱心蔬菜由护绿大使、"筑绿蜂"志愿者、党员志愿者等赠送给辖区的困难户家庭，让辖区的困难户也能融入"筑绿园"大家庭，让"筑绿园"更具有社会意义	

表 8-10 "筑绿园"品牌 2018 年、2019 年、2020 年活动（部分）

序号	活动名称	活动内容	相比以前
活动 1	创新研讨推广水培	在苏州市蔬菜研究所专家团队的悉心指导下，"筑绿园"项目在不断推广盆栽蔬菜的同时，提出了"水培植物"这一崭新的课题。通过开展盆栽种植创新研讨会，居民接触并了解到水培种植技术，居民的种植热情达到了新的高度。水培推广立足蔬菜盆栽馆，成员共同商讨种植技术的传承和创新，对蔬菜盆栽的种类和品质进行升级，旨在宣传绿色生态文明理念，吸引更多的居民去种植盆栽蔬菜。一方面，为构建绿色社区添枝加叶，另一方面，也为社区困难家庭提供更加优质的服务	新增
活动 2	深入挖掘传习农耕	深入挖掘白洋湾农耕文化，以"筑绿园"城市农庄为根据地，加大农耕文化的阵地建设。发起"探寻社区'宝藏'·农耕文化我守护"传统农具征集活动，热心居民积极参与并捐赠家里闲置的农具，打造农耕传习馆。成立农耕传习志愿者队伍，协助"筑绿蜂"志愿者，在管理城市农庄的同时，有效传播其背后的农耕文化，加强社区志愿者队伍建设的横向发展，打造社区农耕文化"高地"。一起守望农耕，传承文化，留住乡愁	新增

四、白洋湾街道"一居一品"建设的成效

"一居一品"品牌持续至今，白洋湾街道社区治理出现了蜕变。以金筑社区为例，经过"一居一品"建设，社区面貌焕然一新，空间整齐有序，治安状况良好。部分社区垃圾分类率达到 98% 以上，甚至比一些高端商品房社区高很多。更为明显的是，社区衍生了一大批的志愿者与居民骨干，他们围绕在居委会周围，为社区治理出谋划策，尽心尽力。

五、白洋湾街道"一居一品"建设的思考

1. 坚持不懈是关键

苏州社区"一居一品"建设开始较早，曾经大规模铺开，轰动一时。但到了后来，由于社区治理不断创新，出现了很多新的提法，"一居一品"不断淡化，坚持下来的社区并不多。白洋湾街道之所以在"一居一品"建设中取得了成功，在很大程度上是因为它的坚持不懈。我们可

以得到这样一个启示：一个品牌的打造需要时间的沉淀，急功近利是不可行的。社区治理是关乎人的工作，需要"慢火炖"。

2. 制度激励是保障

"一居一品"的开展，需要制度支撑。白洋湾街道对"一居一品"进行专门考核，并且跟社区获得经费与工作者个人评优结合起来，这是成功的主要因素。当然，"一居一品"工程是一个无止境的过程。今后如何通过制度设计，将"一居一品"有机融入社区的其他工作，使二者相辅相成、相互促进，是值得进一步研究的话题。另外，社区"一居一品"不是永恒的，而是动态变化的。一个主题开展了一定时间，在取得了相关的社会效益之后，社会效益就会出现边际效应递减现象。在这种情况下，就需要另立主题，开展新一轮的"一居一品"，解决社区下一个"痛点"问题，这同样需要制度的跟进与保障。

3. 政府引导与社区自治相互结合是逻辑

纵观白洋湾街道"一居一品"建设，可以清晰地看到这样的一个轨迹：最早开展"一居一品"时，从策划到实施，政府起到了主导作用；但是随着"一居一品"的深化，社区自治的作用不断显现。这应当是我国农民集中居住社区治理的必然逻辑，但这需要政府引导与社区自治的相互结合。

参考文献

中文书籍

简·雅各布斯. 美国大城市的生与死［M］. 纪念版. 金衡山, 译. 南京: 译林出版社, 2006.

埃利诺·奥斯特罗姆. 公共事物的治理之道: 集体行动制度的演讲［M］. 余逊达, 陈旭东, 译. 上海: 上海三联书店, 2000.

布伦特·C. 布罗林. 建筑与文脉: 新老建筑的配合［M］. 翁致祥, 等译. 北京: 中国建筑工业出版社, 1988.

林南. 社会资本: 关于社会结构与行动的理论［M］. 张磊, 译. 上海: 上海人民出版社, 2005.

斐迪南·滕尼斯. 共同体与社会: 纯粹社会的基本概念［M］. 林荣远, 译. 北京: 商务印书馆, 1999.

罗伯特·A. 达尔. 论民主［M］. 李凤华, 译. 北京: 中国人民大学出版社, 2012.

英格尔斯. 人的现代化［M］. 殷陆君, 译. 成都: 四川人民出版社, 1985.

迈克尔·麦金尼斯. 多中心治道与发展［M］. 毛寿龙, 译. 上海: 上海三联书店, 2000.

曼瑟尔·奥尔森. 集体行动的逻辑［M］. 陈郁, 郭宇峰, 李崇新, 译. 上海: 生活·读书·新知三联书店上海分店; 上海人民出版社, 1995.

阿瑟·梅尔霍夫. 社区设计［M］. 谭新娇, 译. 北京: 中国社会出版社, 2002.

霍利斯·钱纳里, 莫伊思·赛尔昆. 发展的型式 1950—1970［M］.

李新华，徐公理，迟建平，译．北京：经济科学出版社，1988．

米格代尔．农民、政治与革命：第三世界政治与社会变革的压力[M]．李玉琪，袁宁，译．北京：中央编译出版社，1996．

布鲁诺·赛维．建筑空间论：如何品评建筑[M]．张似赞，译．北京：中国建筑工业出版社，1985．

林玉莲，胡正凡．环境心理学[M]．2版．北京：中国建筑工业出版社，2006．

瞿振元，李小云，王秀清．中国社会主义新农村建设研究[M]．北京：社会科学文献出版社，2006．

宋林飞．西方社会学理论[M]．南京：南京大学出版社，1997．

佟岩，刘娴静，等．社区建设与社会治理创新[M]．北京：知识产权出版社，2015．

夏建中，特里·N.克拉克，等．社区社会组织发展模式研究：中国与全球经验分析[M]．北京：中国社会出版社，2011．

叶继红．农民集中居住与移民文化适应：基于江苏农民集中居住区的调查[M]．北京：社会科学文献出版社，2013．

张永理．社区治理[M]．北京：北京大学出版社，2014．

期刊论文

亚历山大．城市并非树形[J]．严小婴，译．建筑师，1986（24）：205-220．

陈黛媛．关于农民集中居住后建设管理问题的思考[J]．上海农村经济，2009（10）：39-42．

陈静，江海霞．"互助"与"自助"：老年社会工作视角下"互助养老"模式探析[J]．北京青年政治学院学报，2013（4）：36-43．

陈于后，张发平．新时代乡村"自治、法治、德治"融合治理体系研究[J]．云南行政学院学报，2019（6）：13-21．

冯猛．特大城市社区分类治理：理论框架与实践应用[J]．福建论坛（人文社会科学版），2020（11）：171-180．

韩福国，张开平．社会治理的"协商"领域与"民主"机制：当下中国基层协商民主的制度特征、实践结构与理论批判[J]．浙江社会科学，2015（10）：48-61，156．

黄家亮．基层社会治理转型与新型乡村共同体的构建：我国农村社区建设的实践与反思（2003—2014）［J］．社会建设，2014（1）：77-87．

嵇道武，王勉．探索农民集中居住区治理新模式［J］．群众，2020（1）：65-66．

李红娟，胡杰成．中国社区分类治理问题研究［J］．宏观经济研究，2019（11）：143-157．

李洁瑾，桂勇，陆铭．村民异质性与农村社区的信任：一项对农村社区的实证研究［J］．中共福建省委党校学报，2007（2）：53-56．

刘志昌．草根组织的生长与社区治理结构的转型［J］．社会主义研究，2007（4）：94-96．

孟焕民，徐伟荣，陶若伦，等．农民集中居住区建设的若干思考：苏州农村较大型集中居住区调查［J］．现代经济探讨，2010（4）：67-70．

闵学勤．基于协商的城市治理逻辑和路径研究［J］．杭州师范大学学报（社会科学版），2015（5）：131-136．

谭玉妮，张永庆．列斐伏尔城市空间生产理论的发展逻辑及启示［J］．城市学刊，2018（2）：87-90．

唐皇凤，汪燕．新时代自治、法治、德治相结合的乡村治理模式：生成逻辑与优化路径［J］．河南社会科学，2020（6）：63-71．

田鹏．"乡土连续统"：农民集中居住区实践样态研究：基于后乡土社会理论视角［J］．南京农业大学学报（社会学科学版），2018（2）：77-84，159-160．

王涵．打造高绩效团队：专访美国华盛顿大学商学院终身教授陈晓萍博士［J］．人力资源杂志，2004（9）：18-19．

王兴平，涂志华，戎一翎．改革驱动下苏南乡村空间与规划转型初探［J］．城市规划，2011（5）：56-61．

王玉龙．德国的互助式养老［J］．保健医苑，2013（1）：44-45．

吴猛．社区协商民主：理论阐释与路径选择［J］．社会主义研究，2011（2）：99-101．

向此德．"三治融合"创新优化基层治理［J］．四川党的建设，2017（20）：46-47．

肖彦，孙晖．如果城市并非树形：亚历山大与萨林加罗斯的城市设计复杂性理论研究［J］．建筑师，2013（6）：76-83．

辛方坤．中国城市社区协商民主的有效路径研究：基于"百姓畅言堂"的案例[J]. 理论月刊, 2014 (3): 164-166.

杨秀菊, 刘中起. 草根行动: 基层社会治理的框架分析: 基于上海的一项案例研究[J]. 城市观察, 2017 (2): 103-115.

叶继红. 集中居住让生活更美好: 基于江苏集中居住区居民生活质量的调查[J]. 徐州工程学院学报 (社会科学版), 2019 (4): 34-42.

岳国喆, 王凯. 我国"村改居"社区公共服务供给理论与实践研究[J]. 天津城建大学学报, 2018 (5): 359-363.

朱红涛. 改革开放三十年从苏南模式到新苏南模式的创新[J]. 中国集体经济, 2008 (12): 46-47.

张新光. 建国以来集体林权制度变迁及政策绩效评价: 以大别山区的河南省新县为例[J]. 甘肃社会科学, 2008 (1): 160-164.